kosmos

KOSMOS
HUNDE
BIBLIOTHEK

EVA-MARIA KRÄMER
UND MARTINA FELDHOFF

COLLIE UND SHELTIE

EXPERTENRAT
FÜR DEN
HUNDEHALTER

FRANCKH-KOSMOS

Mit 22 zumeist mehrteiligen Zeichnungen von Rainer Benz (S. 98), Joanna Bingham-Grimm (S. 133), Mia Ejerstad-Conti (S. 44 bis 47 und 49 bis 53), Martina Feldhoff (S. 48 c, 55 bis 59), Eva Hohrath (S. 48 a, b; S. 102 g, h), Schwanke & Raasch (S. 102 a bis f; S. 99), Brigitte Zwickel-Noelle (S. 135) und aus dem Archiv (S. 48 d), 4 Farbvererbungstafeln von Eva-Maria Krämer und 23 Schwarzweißfotos und -darstellungen sowie 62 Farbfotos (Bildnachweis im Anhang).

Der Vorsatz zeigt einen Border Collie im schottischen Hochland bei der Arbeit, das Frontispiz einen dunkelzobelweißen Collie-Jungrüden.

Umschlaggestaltung von Norbert Deppe, Herrenberg-Oberjesingen, unter Verwendung von 5 Farbaufnahmen von Eva-Maria Krämer (Umschlagvorderseite, Umschlagrückseite obere Reihe) und Martina Feldhoff.

Die Umschlagvorderseite zeigt v. l. n. r. eine zobelweiße Colliehündin, eine blue-merle-farbene Sheltiehündin und einen tricolourfarbenen Collierüden. Auf der Umschlagrückseite oben Collies und unten Shelties.

Layout-Entwurf: Concept GmbH, Höchberg.

© 1992, Franckh-Kosmos Verlags-GmbH & Co., Stuttgart
Alle Rechte vorbehalten
ISBN 3-440-06242-2
Lektorat: Angela Wolf
Herstellung: Kirsten Raue
Printed in Germany / Imprimé en Allemagne
Satz: G. Müller, Heilbronn
Herstellung: PDC Paderborner Druck Centrum, Paderborn

Die Deutsche Bibliothek – CIP-Einheitsaufnahme

Krämer, Eva-Maria:
Collie und Sheltie : Expertenrat für den Hundehalter / Eva-Maria Krämer und Martina Feldhoff. – Stuttgart : Franckh-Kosmos, 1992
(Kosmos-Hundebibliothek)
ISBN 3-440-06242-2
NE: Feldhoff, Martina:

Collie und Sheltie

KAPITEL 1

Herkunft, Geschichte, Charakter des Collies

Island Hund, Buffon 1755 – die erste Darstellung eines collieähnlichen Hundes.

Über die Herkunft des Collies gibt es keine schriftlichen Aufzeichnungen. Die Schotten kamen ursprünglich aus Irland. Es ist daher sinnvoll anzunehmen, daß die ersten schottischen Schäferhunde irischer Herkunft waren. Vor dem 18. Jh. lebten die schottischen Bauern von der Rinderzucht und hielten für den Eigenbedarf ein paar Schafe, Hühner, Gänse usw. Leider gibt es keine Aufzeichnungen darüber, wie ihre Hunde aussahen. Der schottische Schäferhund, so wie wir ihn heute auf Abbildungen nachverfolgen können, stammt aus dem Norden Englands, den Cheviot Hills und der Border-Region (Gebiet zwischen England und Schottland).

Mit der endgültigen Eroberung Schottlands durch die Engländer und der damit einsetzenden Vernichtung schottischer Kultur- und Lebensweise zogen riesige Schafherden nach Schottland. Um für sie Weideland zu schaffen, wurden Tausende von Schotten von Haus und Hof vertrieben. Mit den Herden aber wanderten immer die dazugehörigen Hunde. Ob die einheimischen schottischen Hunde noch in ausreichender Zahl vorhanden waren, um die Zucht zu beeinflussen, weiß niemand.

Interessant ist aber, daß es in Europa keine dem Collie vergleichbare Hunderasse gibt. Die kontinentalen Hütehunde sind von ganz anderem Schlag. Insbesondere fehlen die so charakteristischen weißen Abzeichen. Am ehesten könnte man eine skandinavische Verwandtschaft über den Islandhund und eventuell Laikarassen oder den norwegischen Buhund vermuten. Die britischen Inseln

Shepherd's Dog und Cur Dog, BEWICK 1790.

THE SHEPHERD'S DOG

THE CUR DOG

unwahrscheinlich, da es gerade im südeuropäischen Raum keine ähnliche Rasse gibt.

Die ersten Darstellungen britischer Hunde finden wir in einem der frühesten Werke, in dem Hunde erwähnt werden: BEWICK's »British Quadrupeds« aus dem Jahre 1790. Sein »Shepherd's Dog« ist dem Collie schon recht ähnlich. Auch in SYDENHAM EDWARDS Werk »Cynographia Britannica« aus dem Jahre 1800 werden ausgesprochen collieähnliche Hütehunde abgebildet. Ebenso erinnert HOWITT's Shepherd's Dog aus »Bingley Memoirs of British Quadrupeds« aus dem Jahre 1809 stark an den Collie. Solche Hunde dürften das Ausgangsmaterial für die Reinzucht von Collie, Kurzhaar Collie und Border Collie gewesen sein.

Der Name Collie, früher auch Colley oder Coaley geschrieben, hilft uns nicht weiter. Collie nannte man die Hunde aus dem Norden der Insel, und man machte stets einen deutlichen Unterschied zwischen schottischen und englischen Schäferhunden. Das gälische oder keltische Wort »Col« bedeutet dunkel, was auf schwarze Hunde und die schwarzgesichtigen Schafe Schottlands hinweist. »Coll« bedeutet aber auch Ring, Halsband und könnte sich auf die typische weiße Halskrause der Hunde beziehen. Im übrigen ist für den Schotten alles Nützliche »collie«, nicht nur die Hunde.

Bereits im Mittelalter spielte in Großbritannien mit seinen weiten, unzugänglichen und wirtschaftlich nicht anderweitig nutzbaren Landschaften die Schafzucht für die britische Volkswirtschaft eine große Rolle. Ständige kriegerische Auseinandersetzungen schafften einen blü-

waren stets begehrtes Ziel der Wikinger, und eine verwandtschaftliche Beziehung des Collies zu den nordeuropäischen Hunderassen ist daher sehr wahrscheinlich. Da die Nordländer neue Siedlungsgebiete suchten, brachten sie nämlich all ihr Hab und Gut einschließlich des Viehs und der Hunde für die neue Existenzgründung mit.

Daß römische Hunde einen Einfluß gehabt haben sollen, scheint mir

Ein typischer Collie, noch vor den ersten Hundeausstellungen, Jardine 1843.

Der moderne Collie

Die erste englische Hundeausstellung im Jahre 1859 in Birmingham war den Pointern und Settern vorbehalten, aber schon ein Jahr später wurde eine Klasse für Schäferhunde eingerichtet. Diese ersten Ausstellungen bildeten den Ausgangspunkt für die moderne Rassehundezucht, wie wir sie heute kennen. Da Birmingham der Haupt-Vieh- und Farmermarkt im nördlichen England war, stand hier die Wiege der Colliezucht.

Der Collie war nicht nur ein ausgesprochen intelligenter, menschbezogener, leichtführiger Hund, sondern auch hübsch anzusehen. Sicherlich wurde so mancher attraktive Hütehund auf den Märkten an städtische Hundeliebhaber verkauft, oder der Schäfer schenkte einen besonders niedlichen, für ihn wegen des zu üppigen Pelzes vielleicht wertlosen Welpen den Kindern des Großgrundbesitzers. Tatsächlich waren es in der Hauptsache diese Hunde, die den Weg zu Ausstellungen fanden und

Britische Hütehunde im ersten farbigen Hundebuch der Welt, SYDENHAM EDWARDS *1800.*

henden Markt für Schießwolle, und das Heer wurde mit dem Fleisch der Tiere versorgt. Im 18. Jh. wurde im Zuge der Industrialisierung die Tuchindustrie zu einem bedeutenden Wirtschaftszweig, und die Schafzucht, als Lieferant des Rohmaterials, wurde in noch größerem Maße betrieben. Der Collie wurde zum unentbehrlichen Arbeitsgehilfen der Schafzüchter.

Collie bei der Arbeit, HOWITT *1809.*

THE QUEEN'S WHITE COLLIE, "SQUIRE"

Eine Belobigungskarte für gute Schulleistungen zeigt im Jahre 1905 den weißen Collie „Squire" von Königin Victoria.

den Grundstock für die Zucht des modernen Collie legten.

Ein regelrechter Boom setzte ein, als QUEEN VICTORIA auf ihrem geliebten schottischen Schloß Balmoral den königlichen Schäfer mit seinen Collies bei der Arbeit beobachtete. Sie war so gerührt von den Fähigkeiten dieser Hunde, daß sie fortan selbst Collies hielt. Engagierte, professionelle Hundezüchter nahmen sich der Zucht an, kauften den Farmern attraktive Hunde ab und entwickelten eine Rasse, die ihren Siegeszug um die ganze Welt antrat und heute noch der Inbegriff für Klugheit und Schönheit ist.

Interessant ist in diesem Zusam-

menhang, daß der Gründer des Kennel Club, ein Mr. SHIRLEY aus Irland, damals in der Colliezucht federführend war und viele der berühmten Zuchthunde von seinem Gut in Irland kamen.

Der Gedanke, alte bodenständige Rassen in ihrem Urzustand zu erhalten, war damals vollkommen abwegig. Dem Zeitgeist entsprechend experimentierte man mit allen zur Verfügung stehenden Mitteln – allerdings ohne Kenntnis der Vererbungslehre, die wissenschaftlich noch nicht fundiert war. Man setzte sich ein Ziel, eine Vorstellung vom Idealbild einer Rasse, und züchtete, um es zu erreichen. Man scheute sich nicht vor Einkreuzung anderer Rassen oder Hunde unbekannter Herkunft.

Der ursprüngliche Collie war farblich nicht sehr attraktiv. Erstmals in Birmingham 1871 ausgestellt, war denn auch »Old Cockie« eine sensationelle Erscheinung mit seinem mahagonifarbenen Fell. Seine Herkunft blieb bis heute das Geheimnis seines Züchters, aber der Einfluß dieses Hundes auf die Rasse war enorm. Der gelb-weiße oder zobelweiße Collie, wie wir ihn heute kennen, ist demnach eine »moderne« Kreation. Auch die herrlichen Tricolours mit tiefschwarz glänzendem Haar und feuerrotem Brand wurden gezielt gezüchtet.

Es ist nicht auszuschließen, daß man zu diesem frühen Stadium auch beim Collie mit der Einkreuzung fremder Rassen nachhalf. Setter und Barsoi lagen nahe, wenn es auch keine schriftlichen Beweise gibt. Die Einkreuzungen können demnach nur selten vorgenommen worden sein und ganz sicher nicht mehr ab der Zeit, als die Abstammungen anhand der Ah-

Old Cockie, geboren 1868, der erste berühmte zobelweiße Collie, gilt als der Stammvater aller Ausstellungscollies. Auf dem Foto ist er 14 Jahre alt.

deutende Champions erzielten Preise, die bis dato noch nie für einen Hund bezahlt worden waren. Der 1894 geborene *Ch. Ormskirk Emerald* z.B. wechselte seinen Besitzer für 1.300 Pfund, was um die Jahrhundertwende etwa dem Wert von 26.000 Goldmark entsprochen haben dürfte.

Leistungsfähigkeit bei der Herde war seit Beginn des Ausstellungswesens für die Colliezüchter in den Hintergrund getreten. Nur das Schönheitsideal zählte. Die Siegertiere waren zu groß und schwer, zu lang und fein behaart, um dem Farmer

Master Patrick um 1902, ein Collie aus deutscher Zucht.

Brettonpark Claim to Fame, geboren 1985, ein erfolgreicher Zuchtrüde der 80er Jahre.

Großen Einfluß auf die deutsche Zucht nach dem Kriege nahm der 1942 geborene Sieger Fridolin vom Haus Marwei SchHII.

nentafeln über Generationen weg verfolgt werden konnten. Immerhin war schon im ersten Standard »setterrot« verpönt, und da fremde Rassen nicht nur ihre Fellstruktur und Farbe vererbten, kämpfte man gegen schwere, stark belefzte Köpfe mit Hängeohren an.

Der Aufstieg des Collies war sensationell. Seine Schönheit und Intelligenz, sein umgängliches, fröhliches Wesen und die Gunst der Könige erhoben ihn zum erklärten Liebling der High Society Großbritanniens. Be-

noch von Nutzen zu sein. Der moderne Collie wurde allein zum Zwecke des Ausstellungssports geschaffen. Damit müssen wir uns abfinden und die Mythen um den Collie als »König der Herden« als unrealistisch ablegen.

Das äußere Erscheinungsbild hat sich in den letzten 100 Jahren nachhaltig verändert, doch das über die Jahrhunderte hin gefestigte Wesen, die Instinkte, die man nicht ausdrücklich wegzuzüchten suchte, konnten sich erhalten. So erstaunt heute noch der ausgeprägte Hütetrieb unserer Collies. Die Genügsamkeit des alten

Ch. Brilyn Supertramp, geboren 1979, gilt als Spitzenvererber der ausgehenden 80er Jahre. Auf dem Foto im Alter von 11 Jahren.

Hütehundes, seine robuste Gesundheit, die Problemlosigkeit in der Zucht und die enge Verbundenheit mit seinen Menschen sind tief in seinem Erbgut verankert – bis auf den heutigen Tag.

Der Collie in Deutschland

Dank der engen Verbundenheit des deutschen und britischen Adels in viktorianischer Zeit war alles Britische in Deutschland hochmodern. Kurze Zeit nach dem Aufkommen von Hundeausstellungen in England fanden sie auch in Deutschland regelmäßig statt. Da es noch keine Quarantänevorschriften für die Inseln gab, stellten englische Züchter hier ihre besten Hunde aus.

Der Collie war sowohl in seiner Heimat als auch bei uns ein begehrter Modehund, der um die Jahrhundertwende seine Blütezeit erlebte. 1885 wurden die ersten Collies von Herrn GEBÜRSCH aus Mainz importiert. Schon damals begann die erbitterte Konkurrenz zum Deutschen Schäferhund, die man heute noch manchmal zu spüren bekommt.

Der Collie war nicht nur als Haus- und Familienhund sowie als Dekorationsstück populär, sondern genoß einen großartigen Ruf als Sanitäts- und Meldehund des Militärs. Er eignete sich hervorragend zum Einsatz in vorderster Front. Collies spürten Verletzte auf, meldeten sie den Suchtrupps und trugen Kabelrollen durch Schlachtfelder. Die Briten setzten weltweit Collies auf Kriegsschauplätzen ein. Selbst das deutsche Militär rekrutierte zahlreiche Collies direkt bei den Schäfern in Schottland.

Das uralte und immer neue Thema, nämlich der Wesensverfall, sobald Hunde rein nach Schönheit gezüchtet werden, mag auch beim Collie aktuell gewesen sein. Hinzu kam das Nationalbewußtsein der Deutschen, so daß das Bestreben von RITTMEISTER VON STEPHANITZ, einen *deutschen* Schäferhund bei Militär und Polizei einzusetzen, den Collie aus dem Diensthundebereich völlig verdrängte.

Dazu schrieb GOTTFRIED JANSEN, Züchter der berühmten »Field-Post«-Collies, der seine Zucht 1890 begann, in einem Artikel im Bayerischen Hundefreund von 1935: »Der Collie hatte jetzt (1901) seinen Triumphzug erreicht und stand auf Ausstellungen an der Spitze aller Hunderassen, welche heute der Deutsche Schäferhund einnimmt. Hätten der Collie-Club und der Verein der

Dunsinane Don Picasso, geboren 1979, prägte vor allem die deutsche blue merle Colliezucht der vergangenen Jahre.

Collie-Freunde damals die Ausbildung desselben für Kriegs-, Sanitäts- und Polizeihundzwecke vorgenommen, wie es der Verband für Deutsche Schäferhunde getan hat, würden wir heute noch auf der Höhe sein. Es ist wohl wenigen unserer Collie-Freunde bekannt, daß unser Schottischer Schäferhund der erste Kriegs- und Sanitätshund war.« GOTTFRIED JANSEN selbst hatte vor und im 1. Weltkrieg Collies aus seiner Zucht für Militär und Polizei ausgebildet.

1889 wurde das erste Hundestammbuch veröffentlicht, das Ausstellungsergebnisse enthielt. Z.B. wurde 1888 in Frankfurt der berühmte englische *Ch. Eclipse* aus der Zucht von Mr. BISSELL und im Besitz von Mr. KREHL, London, ausgestellt und teilte sich den ersten Preis mit *Achmet* im Besitz von Herrn MAX FEER. Zwei Preise gewannen Hündinnen von Mrs. FIELDING-KANE, London. MAX FEER war damals der führende deutsche Colliezüchter und züchtete mit den besten englischen Blutlinien, z.B. *Ali Baba,* Sohn von *Ch. Metchley Wonder.*

1889 wurde der »Mainzer Collie Club« unter dem Vorsitz von Herrn GEBÜRSCH, Mainz, gegründet, doch zwei Jahre später in den allgemeinen »Collie Club« umgewandelt. Allerdings spaltete er sich 1903 in den »Continentalen Collie-Club« und »Verein der Collie-Freunde« auf.

Die Colliezucht blühte, und die Züchter investierten Tausende in englische Zuchthunde. 1895 veranstaltete

Zwei von LIEUT. COL. RICHARDSON *zu Sanitätshunden ausgebildete Collies, 1905 beim Einsatz im Russisch-Japanischen Krieg.*

Ch. Metchley Wonder, geboren 1886, einer der erfolgreichsten Hunde seiner Zeit, trug den Weißfaktor, kenntlich an der weißen Fellzeichnung bis zum Knie.

der Collie-Club in Wiesbaden eine erste internationale Ausstellung, wo der berühmte Züchter Mr. AINSCOUGH aus England 57 Collies richtete. Auch die folgenden Ausstellungen wurden von den führenden englischen Züchtern gerichtet, und auf der 7. Collieschau 1901 in Ohligs erzielte Mr. STRETCH, Ormskirk, England, 153 Meldungen. Eine Zahl, von der wir heute in Deutschland noch träumen. Bedenkt man die damalige Verkehrssituation, wird diese Zahl noch erstaunlicher.

Die Beliebtheit des Collies dauerte bis zum 1. Weltkrieg. Der Krieg unterbrach alle »Hundeaktivitäten«. Nur eine Handvoll Züchter rettete ihre Hunde über die schweren Zeiten, bis 1931 der Collie Club wieder ins Leben gerufen wurde. Bald folgten die ersten Importe aus englischen Zwingern wie *Laund, Eden, Ashtead* und *Southport*. Mit Beginn des 2. Weltkrieges war der Collie wieder eine respektierte Rasse – nicht gerade in Mode, aber ein gesunder Zucht

stamm war vorhanden –, der in dem damals beliebten Schutzhundsport neben Deutschen Schäferhunden, Boxern usw. erfolgreich bestehen konnte. Viele erstklassige Zuchthunde hatten Schutzhundprüfungen.

Auch diesmal beendete der Krieg alles – bis 1948 PAUL TISCHLER aus Hamburg die Colliefreunde zusammenrief und den »Club der Collie–, Sheltie- und Bobtailfreunde« gründete, der später in »Club für Britische Hütehunde« umbenannt wurde. In den 50er Jahren war die Zucht recht aktiv. Noch immer gab es viele Collies mit Schutzhundprüfung.

Als sich die Rasse in ihrer Heimat vom Krieg allmählich erholte, wurde der Qualitätsunterschied zwischen englischen und deutschen Collies immer deutlicher. Fast jeder Collie, der aus England herüberkam, war besser als der beste in Deutschland gezüchtete Hund. Mit wachsendem Wohlstand und Interesse an der Rasse versuchte man durch Importe aus England, namentlich aus dem berühmten

Ladypark-Zwinger von Miss GREY und dem *Shiel-Zwinger* von MARGARET OSBORNE, ebenso wie aus der Schweiz (*Birkenwald*), wo man schon auf englischen Importen aufbaute, den Standard zu verbessern.

Zur anfänglich großen Freude der Züchter garantierte der Lassie-Boom den Welpenabsatz. Mehr Hunde wurden ausgestellt und britische Richter eingeladen. Der Bedarf an besseren Hunden war offensichtlich. Verfolgt man heute die Abstammung der erfolgreichen Zucht- und Ausstellungshunde, so gehen sie unmittelbar auf englische Importe zurück. Eine Verbindung zu den deutschen Nachkriegshunden besteht nicht mehr.

Das gilt allerdings nicht für die neuen Bundesländer, die sehr wohl auf dem vorhandenen Zuchtmaterial weiter aufbauten, weil sie nicht die Möglichkeit der Importe hatten. Noch bis in die 70er Jahre konnte man

mit Hilfe westdeutscher Züchter an englisches Blut herankommen, doch dann wurde diese Möglichkeit, ebenso wie der Direktimport aus westlichen Ländern, generell verboten.

Erfolgreiche Collies und Shelties aus den 60er Jahren in der ehemaligen DDR mit ihrer stolzen Besitzerin.

Dazzler of Dunsinane, geboren 1962, ein eher unscheinbarer Hund, der mehr oder weniger zufällig zur Zucht benutzt wurde und sich als der Zuchtrüde erwies, der die Rasse in den letzten 30 Jahren entscheidend prägte. Aufgenommen im Alter von 9 Jahren.

Dafür suchte man jetzt den Anschluß an die CSFR, wo es immer wieder gutes englisches Zuchtmaterial gab.

Erschwerend kam für die ostdeutsche Colliezucht hinzu, daß man den Collie in die Gruppe der Gebrauchshunde einreihte und als Zuchtvoraussetzung die Mannarbeit verlangte. Die Zuchtauslese erfolgte zwangsweise nach der Eignung des Hundes zum Schutzdienst, was zwar für viele Collies kein Problem, aber naturgemäß nicht jedem Collie gegeben ist. Es gehört einfach nicht zum ursprünglichen Rassebild, da der Kampftrieb beim schottischen Schäferhund nie eine erwünschte oder gar geförderte Eigenschaft war.

Die ostdeutschen Collies folgten demnach nicht den »Modetrends« der Rasseentwicklung nach englischem Vorbild, was nicht heißen soll, daß die Collies besser oder schlechter sind, nur eben in Typ und Gesamterschei-

nung nach heutigem, westlichem Geschmack etwas abweichen.

In den 60er Jahren erfolgten einige maßgebliche Importe, die die Rasse prägten, so z. B. *Bdsgr. Dasher of Dunsinane* und *Bdsgr. Dean of Dunsinane*, Bruder des berühmten englischen Vererbers *Dazzler of Dunsinane*. In den 70er Jahren wurden einige hervorragende Collies aus dem damals in England führenden *Rokeby-Zwinger* eingeführt. Der positive Einfluß von *Welt- und Bdsgr., Int. Ch. Response of Rokeby*, ein Sohn von *Dazzler* und Bruder des herausragenden englischen Vererbers *Ch. Royal Ace of Rokeby*, und der tricolourfarbene *Int. Ch. Knightmatchmaker of Rokeby*, ein Sohn des berühmten *Ch. Ramsey of Rokeby*, ist heute noch spürbar. Damals importierten einige Züchter die ersten amerikanischen Collies zur Blutauffrischung und um Wesensmängel auszugleichen. In den 80er Jahren verbesserte sich die Wesenssituation generell auch aufgrund der positiven Entwicklung in Großbritannien.

Int. Ch., Weltsieger 73 & 76, Europasieger, Bundessieger Response of Rokeby, geboren 1970, ein Sohn von Dazzler of Dunsinane, war einer der erfolgreichsten Collies und erwies sich als herausragender Vererber der 70er und 80er Jahre.

Tricolour Collierüde Int. Ch. Knightmatchmaker of Rokeby, geboren 1969, ein Ramsey-Sohn, wurde selten zur Zucht benutzt. Dennoch reichte sein Einfluß bis weit in die 80er Jahre hinein.

Eine neue Generation Colliezüchter war in Deutschland herangewachsen. Die meisten hatten Englisch gelernt, Reisen wurde leichter, und das »International Collie Handbook« ebenso wie die unabhängige deutsche Fachzeitschrift »Collie Revue« brachten den deutschen Züchtern die englische Szene näher und ermöglichten ihnen, mehr über ihre Rasse zu lernen. Daraus ergaben sich Importe, durch die deutsche Collies heute mit den besten Europas erfolgreich konkurrieren können.

Der Hund mit dem größten Einfluß in den 80er Jahren war zweifellos der britische Champion *Aberthorne Arrester.* Aufgrund seiner Popularität in England waren seine Nachkommen im Ausland sehr begehrt. In Deutschland prägte sein Sohn *Chancellorville Aquitane* maßgeblich die Rasse.

Als Beispiel für den Erfolg deutscher Colliezüchter möchte ich die Nachkriegs-Weltsieger aufführen. Die Bedeutung der Welthundeausstellung liegt in der starken internationalen Konkurrenz und hochqualifizierten Richtern. Nach dem Kriege wurde sie erstmals 1956 in Dortmund abgehalten, dann wieder 1965, danach alle zwei Jahre, und von 1977 an jährlich rund um den Erdball.

In Deutschland gezüchtete Weltsieger waren: 1956 *Bandit vom Tulpenhof,* 1973 *Grynet vom Glockenklang,* 1977 *Dana von Marienhagen,*

Ch. Aberthorne Arrester, geboren 1976 – einer der bedeutendsten Zuchtrüden der 80er und 90er Jahre, sowohl in Großbritannien als auch auf dem Kontinent.

1985 *Cookie vom Hause Reinhard* und seine Tochter *Rosegardens Crazy Chrissie*, 1986 *Hortensie von den Goten*, eine Tochter von *Cookie*, und 1991 *Jet Black vom Hause Reinhard*, eine Tochter von *Hortensie*.

Nach wie vor gehen die meisten heutigen Sieger unmittelbar auf englische Importe zurück. Somit ist die deutsche Colliezucht noch immer so eng mit der britischen verbunden wie vor 100 Jahren.

Chancellorville Aquitane, geboren 1977, hat die deutsche Colliezucht der letzten 10 Jahre wesentlich geprägt.

Der Collie in Amerika

Neben dem Mutterland Großbritannien hat sich Amerika zu einer weiteren Hochburg der Colliezucht entwickelt. Schon zu Beginn der Collie-
geschichte kauften reiche Amerikaner
das beste Zuchtmaterial in England
auf. Große Colliezwinger entstanden,
fast schon Musteranlagen mit an die
100 Tieren, die von Angestellten betreut und zu höchsten Ausstellungs-
erfolgen geführt wurden.

Die Colliezucht lag bis zum 2.
Weltkrieg maßgeblich in Händen
wohlhabender Leute, die die Zucht
nachhaltig beeinflußten. Noch bis
dahin erfolgten immer wieder Importe aus England. Nach Kriegsende
hatte sich in den USA ein eigener Typ
entwickelt. Britische Importe spielten
seither keine Rolle mehr.

Aufgrund des abweichenden Aus-
stellungssystems bevorzugt man dort
einen imposanten Ausstellungshund,
der Chancen hat, neben anderen Rassen zu bestehen und den begehrten
Preis »Bester der Hütehundgruppe«
oder »Bester der Ausstellung« zu
gewinnen.

Der amerikanische Standard ist
etwas ausführlicher in seiner Be-
schreibung, er erlaubt außerdem den
weißen Collie mit farbigem Kopf und
unterscheidet sich in seinen Größenangaben: Schulterhöhe beim Rüden

19

61–66 cm (engl. 56–61) und Hündinnen 55–60 cm (engl. 51–56 cm). Abgesehen von Größe und Knochenstärke weichen die amerikanischen Collies auch im Kopftyp von dem ab, was man heute nach englischer Schönheitsvorstellung bevorzugt.

Amerikanische Collies wurden seit den 70er Jahren auch nach Deutschland eingeführt, ihrer Zucht widmet sich ein kleiner Liebhaberkreis. Eine Integration in die englischen Blutlinien, die hier dominieren (laut FCI gilt nur der Standard des Mutterlandes Großbritannien) erfolgte bisher nur in Ausnahmefällen.

Der Collie-Charakter

Nicht umsonst gilt der Collie als einer der schönsten, intelligentesten und treuesten Rassehunde der Welt, wenn es auch Leute gibt, die behaupten, daß er aufgrund seines schmalen Schädels und des daraus zu folgernden geringen Gehirnraums dumm sei. Anatomisch gesehen ist das natürlich reiner Unsinn.

Auch ein Collie kann, wie jeder Hund, seine Intelligenz nur entwickeln, wenn er in ständigem Kontakt mit seinem Herrn gefordert wird. Er lernt erstaunlich viele Worte zu verstehen und handelt oft in verblüffender Weise selbständig. Natürlich bedarf dies einiger Zeit, bis sich der Hund so auf seine Familie eingestellt hat, doch je mehr man sich mit dem Collie befaßt, je intensiver man ihn erzieht, desto schneller geht das gemeinsame einander Verstehen.

Colliebesitzer, die laut vor sich hin plaudernd mit ihrem Hund spazierengehen, werden oft für ein wenig verrückt gehalten. Der Collie seinerseits neigt aber genauso dazu, all seine Gemütsregungen mit Tönen zu unterstreichen, er »spricht« mit seinem Herrn.

Weniger angenehm hingegen kann die Bellfreudigkeit des Collies sein, die man von klein auf zügeln sollte. Collies verbellen vorbeifliegende Vögel, durch den Garten schleichende Katzen, ballspielende Kinder, dicht am Zaun vorbeigehende Spaziergänger, Briefträger, alle Besucher usw. Wenn man nicht weit ab von Nachbarn wohnt, muß man, um sich Ärger zu ersparen, frühzeitig erzieherisch eingreifen.

Der Collie ist ein sensibler, von seinem Herrn abhängiger Hund von großer Unterordnungsbereitschaft. Eine gewisse Unterwürfigkeit ist normal, sie darf aber nicht mit Ängstlichkeit und Nervosität verwechselt werden, die leider auch bei der Rasse vorkommen. Dies kann auf falscher Aufzucht, isolierter Zwingerhaltung, aber auch auf Zuchtfehlern beruhen.

Kaufen Sie niemals bei einem Züchter, der nervöse, ängstliche, hysterische oder gar aggressive Collies hat, und benutzen Sie solche Tiere niemals zur Zucht, auch wenn sie noch so schön sind. Die Gefahr, daß sich diese schlechten Charaktereigenschaften vererben, ist zu groß. Mit Hunden, die unter Charakterfehlern leiden, möchte niemand gerne zusammenleben, und Hunde, die ständig unter Angstzuständen leiden, können sich nicht wohlfühlen.

Normalerweise neigt der Collie nicht dazu, sich seinem Herrn gegenüber durchzusetzen (starke Rüden

Collies lernen alle möglichen Kunststückchen, wie hier der weiße Collie mit tricolourfarbenem Kopf.

Immer das gleiche zu üben langweilt ihn, was manchen Ausbilder, der intensiv auf eine Prüfung hinarbeitet, zum Wahnsinn treiben kann. Hat der Collie nämlich durchschaut, daß es sich, unter psychischem Streß, um die Vervollkommnung einer Übung handelt, verliert er die Lust. Wer es allerdings versteht, seinen Collie im Spiel zu motivieren, der wird auch bei den schwierigsten Gehorsamsprüfungen stets einen zuverlässigen Sportkameraden in ihm finden. Und glauben Sie mir, keiner freut sich über eine gelungene Übung und über sein zufriedenes Herrchen mehr als Ihr Collie. Vormachen können Sie Ihrem sensiblen Gefährten allerdings nichts, unterschwelligen Ärger oder Ungeduld spürt er sofort und reagiert entsprechend darauf.

Collies, die von klein auf viel Umgang mit Fremden haben, sind unbekannten Besuchern gegenüber meist freudig aufgeschlossen. Spürt der Collie eine ablehnende Haltung seines Herrn gegenüber Gästen, kann er sehr unangenehm werden. Werden ihm Fremde nicht ausdrücklich als Freunde vorgestellt, duldet er im allgemeinen nicht, daß diese das Haus oder das Grundstück betreten. Dabei sind Collies überhaupt nicht bösartig, sie besitzen jedoch einen natürlichen Schutzinstinkt, auf den Verlaß ist. Eine Ausbildung zum Schutzhund braucht er dazu nicht, aber sie würde ihm auch nicht schaden. Er verliert dadurch nicht etwa seinen liebenswürdigen Charakter.

Im Umgang mit anderen Tieren beweisen Collies große Geduld und Sorgfalt in der Hausgemeinschaft. Sie schließen meist rasch Freundschaft mit Katzen, Vögeln, anderen Hunden und allem möglichen Kleinvieh und

mögen die Ausnahme bilden), vielmehr braucht er einen Führer, dem er vertrauen kann. Kann er sich aber keinem Rudelführer anschließen, wird er unsicher und nervös. Da er sich mühelos in das Familienleben einfügt, wird oft auf eine konsequente Erziehung oder Ausbildung verzichtet, aber damit tut man dem Hund gar keinen Gefallen.

Die Erziehung beim Collie ist einfach, so daß auch der Anfänger mit ihm Freude hat. Von sich aus ist der Collie lernbegierig und versucht, von seinem Herrn vor allem Lob zu erheischen. Ein Leckerbissen zur Belohnung kann Wunder wirken. Collies sind richtige Clowns und machen mit Begeisterung mit, solange auf beiden Seiten Spaß an der Sache herrscht. Drill und Zwang machen den Collie stur und unsicher.

hüten liebevoll Küken, Enten, Hühner und Gänse.

Kindern ist der Collie ein sprichwörtlich guter Kamerad. Er liebt sie und betreut sie rührend. In den USA wird jährlich ein »Hundeheld« geehrt, und die Liste der Collies unter diesen ist lang. Sie retteten Kinder aus brennenden Häusern, vor dem Ertrinken und vor vorbeirasenden Autos. Ihre Geduld gegenüber kleinen Kindern geht oft so weit, daß sie sich von ihnen quälen lassen.

Deshalb sollten Eltern darauf achten, daß der Collie stets ausweichen kann, wenn er mit kleinen Kindern unbeaufsichtigt zusammen ist, denn letztendlich wird er sich wehren, und es bleibt ihm dazu nichts anderes, als dies mit den Zähnen zu tun. Auch wenn er nur eine Warnung ausstößt, die keinesfalls böse gemeint ist, kann dieses Mißverständnis bei einem noch kleinen Kind und dem großen Hund zu bösen Folgen führen. Beim Umgang kleiner Kinder mit großen Hunden ist immer ein wachsames Auge angebracht!

Größte Vorsicht ist allerdings bei fremden Kindern geboten, denn nicht jeder Collie liebt alle Kinder. Oft unterscheidet er sehr fein zwischen den Freunden »seiner« Kinder und neu hinzukommenden, die er nicht kennt. Er wird sie vielleicht nicht dulden. Stellen Sie ihm deshalb jedes fremde Kind vor und zeigen Sie ihm, daß es fortan zum engeren Freundeskreis gehört.

Collies, die nicht mit Kindern aufgewachsen sind, müssen nicht von Natur aus kinderfreundlich sein, und nicht jeder erwachsene Collie läßt sich auf der Straße widerspruchslos von fremden Kindern anfassen. Gelegentlich hört man, Collies seien falsch.

Welch ein Unsinn! Welche Mutter würde bedenkenlos ihr Kind auf einen Rottweiler oder Deutschen Schäferhund zugehen lassen, um ihn zu streicheln? Leider hat das »Lassie«-Image zur Folge, daß alle Collies brav sein »müssen«. Daß es sich hier um Hunde handelt, deren Persönlichkeit man respektieren muß, vergessen die meisten Menschen und lasten die Folgen ihres eigenen Unverstands dem Collie an.

Collies sind temperamentvoll und spielfreudig, ein Leben lang. Sie wollen täglich laufen, Neues erleben und Abwechslung haben. In einem noch so großen Garten bewegt sich der Collie, auf sich gestellt, kaum und rennt höchstens kläffend ein paar Krähen nach.

Als ursprünglicher Hütehund braucht er viel Bewegung, er will seine Muskeln strecken, sich austoben. Ausgedehnte Spaziergänge in Wald und Flur sind mit dem Collie eine reine Freude, denn er hat nicht die Neigung, sich weit von seinem Herrn zu entfernen oder gar zu wildern. Er macht auf vieles am Wegesrande aufmerksam, was wir übersehen könnten, bestaunt interessiert einen Igel oder eine Kröte. Auch wenn er mal einem Häschen nachrennt, läßt er sich sofort zurückrufen.

Allerdings ist in puncto Wildern bei mehreren Hunden schon eher Vorsicht geboten, da das Meuteverhalten ganz andere Voraussetzungen schafft als das Verhalten eines einzelnen Hundes.

Noch eine weitere schöne Eigenschaft des Collies ist, daß er nicht streunt. Abgesehen von liebeskranken Rüden, die auf Freiersfüßen wandeln oder einer heißen Hündin, die auf Partnersuche ist, verläßt in der

Regel kein Collie freiwillig sein Grundstück, auch wenn es ihm ein leichtes wäre, durch Löcher in der Hecke zu kriechen oder über niedrige Jägerzäune zu setzen.

Wer paßt zum Collie?

Der Collie ist ein unkomplizierter Hund, der an seine Familie eigentlich nur zwei Ansprüche stellt: Er will in der Familie leben und viel laufen. Er eignet sich für alleinstehende Menschen, die genügend Zeit aufbringen, täglich 2 Stunden mit ihm zu wandern, genauso wie für lebhafte Familien mit Kindern. Ist genug Auslauf gewährleistet, kann er auch in einer Etagenwohnung gehalten werden. Er ist ein ausgesprochen reinlicher Hund, hat keinen unappetitlich verklebten Bart, beschmutzt sich auch selten das Hinterteil, wie man es von anderen langhaarigen Rassen kennt. Daß er Haare verliert, muß man hinnehmen. Dabei braucht er weniger Pflege, als man auf den ersten Blick meinen möchte. In den meisten allgemeinen Hundebüchern wird die Pflege maßlos übertrieben, weil dort nur vom Augenschein und nicht von der Praxis ausgegangen wird.

Der Collie ist ein sensibler Hund, der sich den verschiedensten Menschentypen anzupassen vermag. Er braucht viel Liebe und Verständnis, er verträgt keine unangebrachte Härte, und ein launischer Charakter verunsichert ihn. Der Collie ist unglücklich, wenn er viele Stunden am Tag allein gelassen wird, er verkümmert seelisch, wenn er ein Zwingerleben fristen muß. Das heißt nicht, daß man ihn nicht stundenweise allein lassen könnte, aber er darf nicht nur zum Spazierengehen »hervorgeholt« werden.

Der Collie ist ideal für Menschen, die bereit sind, einem Hund viel Zärtlichkeit zu schenken, die das Schöne lieben, die Freude am farbenprächtigen Langhaar haben, die einen im Hause angenehmen, im Freien lebhaften Hund suchen, der ohne aufwendige Erziehungsmaßnahmen ein angenehmer Begleithund ist, den man also sorglos überallhin mitnehmen kann.

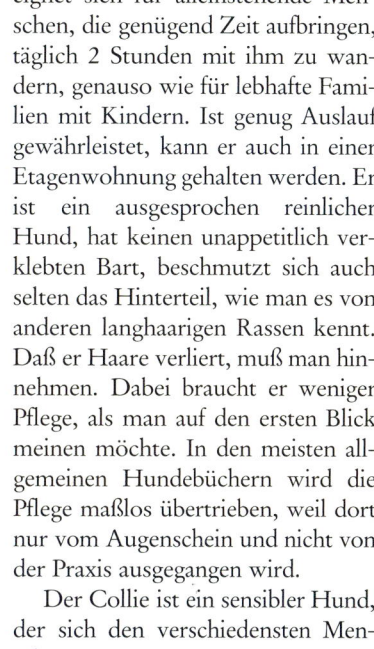

Int. Ch., Weltsieger, Bundessieger, Dt. und VDH-Ch. Cookie vom Hause Reinhard, geboren 1981, hatte trotz einer sehr kurzen Laufbahn als Zuchtrüde großen Einfluß auf die deutsche Colliezucht. Hier mit seiner besten Freundin Rebecca.

Kurzhaar Collie
Border Collie
Bearded Collie

Elegant und drahtig ist der tricolourfarbene Kurzhaar-Collierüde.

Der Kurzhaar Collie

Er ist das Stiefkind unter den Collies – und das ganz zu Unrecht. Vielleicht liegt es daran, daß man mit dem Collie schlechthin einfach die glanzvolle Erscheinung mit wehendem Haarkleid verbindet.

Der Kurzhaar Collie hat eine ebenso lange Geschichte wie der langhaarige Collie. Schon BEWICK zeigt den Cur-Dog und den Ban-Dog, die beide dem Kurzhaar Collie ähnlich sind. Zu bestimmten Zwecken bevorzugte man früher nämlich kurzhaarige Hunde, so z.B. als Hofhunde und beim Treiben des Viehs.

Kurzhaar Collies wurden zwar seit Beginn des Ausstellungswesens immer mit ausgestellt, die Züchter widmeten sich jedoch weit intensiver dem langhaarigen Vetter. Der Kurzhaar Collie blieb bei seiner Arbeit als

Hof- und Treibhund und kam nur gelegentlich in den Ausstellungsring.

Im Gegensatz zum Langhaar Collie hat er sich in den letzten hundert Jahren nur wenig verändert. Fotos der um die Jahrhundertwende erfolgreichen Hunde zeigen z. T. schöne Exemplare, die auch heute noch in den Wettbewerb treten könnten.

Die drahtige Gestalt, der deftige Charakter, den der Kurzhaar Collie zum Treiben des Viehs brauchte, sein Selbstbewußtsein und eine gute Portion Mut und Angriffslust, um es auch mal mit einem Stier aufzunehmen, unterschieden ihn vom reinen Hütehund. Heute noch spürt man dieses Erbe. Es ist z. B. viel mühsamer, mehrere Kurzhaar Collies in einem Zwinger zu halten, als die gleiche Anzahl Langhaar, die sich im allgemeinen auch in größeren Gruppen gut vertragen. Den Kurzhaar reizt es eher einmal, die Rangordnung in seiner Meute auszufechten, er ist deshalb oft recht unbequem für den Züchter, der mehrere Hunde hält.

Keinesfalls darf man diesen urigen, anspruchslosen, eleganten Hund mit viel Temperament, großer Intelligenz und ausgeprägten Hüteinstinkten in Vergessenheit geraten lassen. Seine ungewöhnliche, auffallend graziöse Erscheinung ohne Windhundcharakter befriedigt durchaus das Bedürfnis mancher Leute, etwas Besonderes ihr eigen zu nennen.

Der Wunsch nach Ausgefallenheit verlangt bei diesem Schlag keine Opfer oder Kompromisse. Im Gegenteil, der Kurzhaar Collie ist sehr sauber, denkbar pflegeleicht und bei allem Temperament und Selbstbewußtsein leicht erziehbar und seiner Familie ein treuer Kamerad, unbestechlicher Wächter und Beschützer.

Der Border Collie

Als Mitte des 19. Jh. das Ausstellungswesen und damit die Zucht des Show Collies aufkam, hatten sich die Anforderungen an den Hütehund geändert. Das Vieh wurde nun nicht mehr zu Fuß von den Farmen zu den Märkten getrieben, sondern per Bahn verladen. Fortan galt das Interesse des Schäfers und Farmers nicht mehr einem Vielzweckhund, sondern dem hochspezialisierten Hütehund. Hütewettbewerbe förderten den Ehrgeiz der Schafzüchter, das Können ihrer Hunde zu demonstrieren und aneinander zu messen.

In den Border Counties Schottlands, den Grenzgebieten zu England, und in den angrenzenden nordenglischen Grafschaften entstand ein Hütehund par excellence – der Border Collie. Mr. REID, Sekretär der »International Sheepdog Society« (ISDS) und selbst Züchter hervorragender Hütehunde, gab der Rasse den Namen.

Es wäre verkehrt, den Border Collie als Vorfahren des Collies zu betrachten. Beide hatten einen gemeinsamen Ursprung, nur ist der Border Collie dem alten Collietyp äußerlich ähnlicher geblieben.

1906 wurde die ISDS gegründet, die sich der Belange der Schafzüchter annahm und die Reinzucht des Border Collies durch die Schaffung eines Zuchtbuches förderte. Damit begann eine organisierte Zucht der Hütehunde, allerdings ohne auf das äußere Erscheinungsbild der Hunde hinzuarbeiten. Doch der Border Collie war

Teamwork – der Border Collie arbeitet in der typischen Weise mit den Schafen.

ein ebenso großer Erfolg wie der Show Collie. Zwar nicht für Leute, die einem Modetrend folgten, aber für Hundefreunde, die einen intelligenten, pflegeleichten, unkomplizierten, nicht zu großen Haushund suchten, der zudem hübsch anzusehen und billig anzuschaffen war. In unzähligen englischen Familien ist er *der* Hund und gilt als der beste Freund der Kinder.

Über seinen Charakter sagt der Standard des Kennel Club: »Er sollte weder nervös noch aggressiv sein, sondern eifrig, aufmerksam und intelligent.« Da der Border Collie durch und durch Arbeitshund ist, braucht er eine Aufgabe und viel Bewegung. Sein lebhaftes Temperament könnte sonst in Hysterie umschlagen. Seinem Arbeitsdrang kommt die Ausbildung zu Gehorsamsprüfungen sehr entgegen. Aber auch in der Familie sucht er sich seine Aufgabe als Begleiter der Kinder, oder er widmet sich liebevoll allem Kleinvieh auf einem Bauernhof.

Der Border Collie ist sehr wachsam und besitzt natürlichen Schutztrieb. Er ist ein treu ergebener Charakter und wenig darauf bedacht, die Rudelführung innerhalb der Familie zu übernehmen. Eine gewisse Unterwürfigkeit ist ihm eigen. Ohne großen Sachverstand seiner Besitzer, was die Hundeerziehung betrifft, fügt er sich in die Familie ein.

Er begreift alles, was von ihm verlangt wird, wie von selbst und führt es seinem Herrn zuliebe mit Begeisterung aus. Zu Gehorsamsdrill läßt er sich nicht heranziehen. Er weiß sehr wohl zwischen unberechtigter »Sklaverei« und sauber auszuführenden Gehorsamsübungen im Ausbildungssport, zur Freude von Herr und Hund, zu unterscheiden. Bei den zahlreichen englischen Gehorsams- und Geschicklichkeitswettbewerben liegen meist Border Collies auf den ersten Plätzen.

Die größere Anzahl Border Collies lebt bei Hundefreunden, die ihn nicht zum Hüten brauchen. Um ihre geliebten Hunde aufzuwerten, strebten sie die Anerkennung als Rasse und somit den Zugang zu Hundeausstellungen an – sehr zum Ärger der Farmer und Schäfer, die fürchteten, daß aus ihrem Gebrauchshund ein Modehund werden könnte mit all den Nachteilen, die mit einer daraus entstehenden Massenzucht verbunden sind.

1976 war es dann soweit – der Border Collie wurde vom englischen Kennel Club als Rasse anerkannt, kurze Zeit später von der FCI. Seitdem steigt das Interesse an der Rasse auch außerhalb Englands merklich, obwohl in allen Schafzuchtnationen dieser Erde der Border Collie längst unentbehrlich geworden ist und als der beste Hütehund der Welt gilt.

Die Arbeitsweise des hütenden Border Collies ist einmalig und ungewöhnlich. Auf den Boden geduckt, um die Schafe nicht zu erschrecken, fixiert er die Tiere mit den Augen und weist sie so in die gewünschte Richtung oder in die Pferche. Es ist ein unvergeßliches Schauspiel, einen Border Collie bei der Hütearbeit zu beobachten. Die Hunde arbeiten nur durch Pfiffe gelenkt, und das Verhältnis zwischen Herr und Hund, selbst über weite Entfernungen, ist beispiellos. Deshalb sind die großen internationalen Hütewettbewerbe sehr populär und ziehen alljährlich riesige Zuschauermengen an.

Der Border Collie ist kleiner als der Collie. Seine Schulterhöhe beträgt 53 cm. Er kommt hauptsächlich schwarz mit den typischen weißen Collieabzeichen vor. Es gibt auch schwarzmarkenfarbige (black and tan), tricolour-, braun-weiße und blue-merle-farbige. Sable kommt seltener vor, noch seltener mausgrau mit schieferfarbener Nase. Bei den Schäfern besonders beliebt sind Borders aller Haarfarben, die blaue Augen besitzen, da man ihnen außergewöhnlich gute Sehkraft nachsagt. Grund-sätzlich spielt die Farbe eine untergeordnete Rolle, nur überwiegend weiß ist verpönt.

Das Haarkleid ist dicht, mittellang, schlicht und wetterbeständig. Mähne, Läufe und Rute sind gut befedert, jedoch nicht so üppig wie beim Langhaar-Collie, das wäre bei der Arbeit hinderlich. Collieähnliche Hütehunde und nicht im Zuchtbuch eingetragene Border Collies bezeichnet man in Großbritannien als Working Collies.

Der Bearded Collie

Ein weiterer schottischer Hütehund, aber kein ummittelbarer Verwandter des Collies, ist der seit den 60er Jahren bekannt gewordene und inzwischen zum Modehund avancierte Bearded Collie (gespr. bierded = bärtig). Auch seine Herkunft verliert sich im Dunkel der Vergangenheit, doch ist seine Verwandtschaft mit den europäischen, zotthaarigen Hüte- und Hirtenhunden sehr wahrscheinlich, da es viele ähnliche Rassen in ganz Europa und Asien gibt. Man spricht vom Bearded Collie als »alter Typ Hütehund des schottischen Hochlands«, der sich für die Arbeit mit Rindern und Schafen eignete und auf die alten Treibhunde zurückgeht.

Nach dem Krieg schien der Bearded Collie ausgestorben. Eine Mrs. WILLISON aus Südengland entdeckte die Rasse 1944 durch Zufall wieder und baute sie auf.

Der Bearded Collie ist ein lebhafter, fröhlicher, aufgeschlossener,

Eine Familie hübscher Bearded Collies.

menschenfreundlicher Hund, der sich für viele hundesportliche Betätigungen eignet.

Er ist schwieriger zu erziehen, da er lebhafter als der Collie ist und ständig etwas anderes im Sinn hat, als man gerade von ihm verlangt. Der Bearded Collie ist ein robuster, unkomplizierter Haus- und Familienhund, der allerdings hohe Ansprüche an seinen Herrn in puncto Auslauf und Bewegung sowie Fellpflege stellt.

Der Alltag eines schottischen Schäferhundes

Um eine Hunderasse zu verstehen, muß man wissen, zu welchem Zweck sie gezüchtet wurde. Auch wenn die Hunde ihre ursprüngliche Aufgabe seit vielen Generationen nicht mehr erfüllen, so sind doch die über Jahrhunderte züchterisch gefestigten Wesensmerkmale mehr oder weniger ausgeprägt vorhanden. Heute noch arbeiten Border Collies im schottischen Hochland so wie vor 200 Jahren. Ende des 19. Jh. trennten sich die beiden Rassen, unser Show Collie wurde zum Ausstellungshund, der Border Collie zum Hütespezialisten.

Im schottischen Hochland leben die Schafe halbwild. Es gibt selten eingezäunte Weiden, meist bilden Flüsse oder Seen (Lochs) die Grenzen. Die Weideflächen umfassen mehrere Hektar. Das muß auch so sein, denn das Gras ist mager, und ein Schaf braucht viel mehr Weidefläche, um sich zu ernähren, als im Tiefland mit seinen fetten Wiesen.

Es gibt Großgrundbesitzer, deren Tiere von einem Berufsschäfer betreut werden. Aber auch die Crofter (Pachtbauern) betreiben nebenberuflich ein wenig Schafzucht. Ihre Schafe leben gemeinsam auf den weitläufigen Weiden. Die Hauptarbeit für Schäfer und Hunde steht an, wenn die Tiere einige Male im Jahr zusammengetrieben werden, z. B. zum Desinfektions-

bad, zum Scheren, zum Aussortieren der Lämmer und evtl. zum Transport auf die nahrhafteren Winterweiden im Tal. Jetzt tun sich Crofter und Schäfer mit ihren Hunden zusammen, und hier beginnt die eigentliche Arbeit des Hütehundes.

Die weit verstreut in kleinen Familiengruppen weidenden Schafe müssen mühsam zusammengesucht und in die Gatter getrieben werden. Ohne Hunde wäre diese Aufgabe nicht zu bewältigen. Man sagt, ein guter Hund ersetze 20 Mann – und wenn man einmal ein »gathering« gesehen hat, mag man das gerne glauben! Die Schäfer schicken die Hunde von einem erhöhten Aussichtspunkt aus los. Von dort haben sie einen viel besseren Überblick als die kleinen Hunde und dirigieren sie mit Pfiffen: voran, langsamer, schneller, rechts oder links, bis sie die Schafe erspäht haben und die Arbeit übernehmen können. In weitem Bogen rennen sie zu den Schafen, um sich kurz davor vorsichtig in geduckter Haltung anzuschleichen.

Die Collies brauchen für diese Arbeit außerordentlich scharfe Sinne: hervorragendes Sehvermögen, um weit entfernte Schafe erkennen zu können, feinen Geruchssinn, um nicht an vesteckten Tieren vorüberzulaufen, und ein erstklassiges Gehör, um auf weite Entfernung im Wind die

Pfiffe zu hören. Beweglichkeit und Trittsicherheit sind Voraussetzung für die Arbeit in solchem Gelände: Die Hunde erklettern steile Abhänge und rennen über Moore, durchdringen Gestrüpp und meterhohes Farnkraut, durchschwimmen Bäche und Flüsse, um zu den Schafen zu gelangen.

Auch im Winter muß der Hund oft mit seinem Herrn hinaus, um evtl. Schafe aus Schneeverwehungen zu retten. Jedes vermißte Schaf bedeutet wirtschaftlichen Verlust, ein guter Hund ist daher wertvolles Handwerkszeug für den Schäfer.

Man macht sich nicht viel Mühe mit der Ausbildung der Hütehunde. Die wesentlichen Eigenschaften, der instinktive Umgang mit den Schafen, Unterordnungsbereitschaft, Lern- und Arbeitseifer müssen angeboren sein und brauchen ausbildungsmäßig nur noch gefördert zu werden. Der Collie muß aufs Wort, auf Pfiff und Fingerzeig unmittelbar gehorchen. Tut er das nicht, ist er für den Schäfer wertlos.

Dennoch muß er Eigeninitiative entwickeln, wenn er weit von seinem Herrn entfernt mit den Schafen arbeitet. Er braucht Geschick, sich widerspenstigen Schafen gegenüber durchzusetzen, ohne sie durch Biß ernsthaft zu verletzen. Er darf sie aber auch nicht in Panik versetzen. Sie könnten blindlings davonrennen und abstürzen. Er muß sie jedoch zügig vorantreiben, denn die Zeit ist knapp. Diese schwierige Aufgabe kann nur ein außerordentlich intelligenter und kooperativer, auf seinen Herrn geprägter Hund ausführen.

Die angeborenen Hüteeigenschaften beruhen auf den ursprünglichen Jagdinstinkten des Wolfes. Der Mensch hat in jahrhundertelanger Zuchtauslese erwünschte Eigenschaften (das Herantreiben der Tiere) gefördert und unerwünschte (Hetzen und Töten) unterdrückt. Wie sein Urahn Wolf verfolgt der Hütehund die »Beute«, schleicht sich an, treibt sie auf das »Rudel« (Schäfer) zu und stellt sie. Seine Aufgabe ist beendet, wenn der Rudelführer die Beute in seine Obhut genommen hat.

Allerdings bricht der Urinstinkt hin und wieder durch, und deshalb stellen gerade diese Hütehunde die gefährlichste Bedrohung der Schafe dar. Unbeaufsichtigt und auf sich allein gestellt bilden sie kleine Rudel und gehen auf »Jagd«. Hat ein Hütehund einmal ein Schaf gerissen, wird er sofort erschossen, da er für die weitere Arbeit mit den Schafen wertlos geworden ist.

Verantwortungsvolle Schafhalter sperren unbeaufsichtigte Hunde ein. Doch leider kommt es durch nachlässige Hundehalter immer wieder vor, daß Schafkiller ihr Unwesen treiben.

Während der Ruhezeiten macht sich der Collie auf dem Hof nützlich: Er hilft beim Eintreiben des Milchviehs und des Geflügels, hütet die verwaisten Lämmer, vertilgt Ratten und Mäuse und bewacht Hab und Gut, wobei ein scharfer Schutzhund nicht gefragt ist. Die Hunde in der Einsamkeit dort oben zeigen sich Fremden gegenüber eher mißtrauisch zurückhaltend.

Nicht nur die Charaktereigenschaften werden durch die Arbeit geprägt, auch das Aussehen der Hunde, insbesondere Farbe und Zeichnung. Im Wechsel der Jahreszeiten verändert das Land ständig seine Farbe. Im Frühjahr leuchtet es in frischem Grün, im Sommer kleidet es sich erikafarben, im Herbst versinkt es in düsterem Braun welkender Heide und Farne, im Winter verhüllen Nebel das Land, und gelegentlich verschwindet alles unter einer dicken Schneedecke. Der Hund arbeitet zu jeder Jahreszeit, er muß immer gut sichtbar sein. Die beste Lösung ist deshalb ein auffällig schwarz-weißes Fell.

Gelb-weiß wird deshalb nicht geschätzt, weil die Schafe den Hund mit ihrem einzigen natürlichen Feind, dem Fuchs, verwechseln und in Panik geraten. Seine Welpen beginnen nämlich genau dann selbständig zu fressen, wenn die Schafe lammen. In dieser Phase sind die Muttertiere wehrlos und die neugeborenen Läm-

mer leichte Beute für »Reinecke«. Weiße Hunde werden von den Schafen nicht ernst genommen. Sie müssen schon außergewöhnlich gut sein, um diesen Nachteil auszugleichen. Große Schaffarmer halten sie aber gerne für die Arbeit mit den Lämmern.

Die auffällige weiße Blesse unterstreicht die Gesichtsmimik des Hundes und erleichtert ihm somit die Aufgabe, die Schafe allein durch seinen Blick zu fixieren und zu lenken. Aber auch Körperbau und Fell sind wichtig, um den Hund möglichst mühelos, ausdauernd und ohne Krankheitsanfälligkeit im eher feuchtkühlen Klima arbeiten zu lassen.

Neugierig betrachten die Schafe den dunkelzobelweißen, auf dem Foto 9jährigen Sheltie-Championrüden.

Herkunft, Geschichte, Charakter des Shelties

Selten erreichtes Züchterglück: 5 Sheltie-Champions in einem Wurf.

Es gibt viele unterschiedliche Meinungen und romantische Überlieferungen über den Shetland Sheepdog, so daß es schwierig ist, die wahre Rassehistorie aus der Fantasie der Schreiber herauszufiltern. Wir können aber mit Sicherheit sagen, daß einige Rassen an der Entstehung des Shetland Sheepdog beteiligt waren. Mrs. BERYL THYNNE, die Verfasserin des ersten, 1916 veröffentlichten Sheltie-Buches, und spätere Autoren beschrieben die »Shetland Collies« als kleine, auf Leistung gezüchtete Mischlinge. Auch wenn die Rasseliebhaber es nicht gerne hören: Selbst

in der heutigen Zeit sieht man noch zahlreiche unterschiedliche Sheltietypen, die die obige Aussage bestätigen.

Die Shetland-Inseln bestehen aus ca. 100 vom Wind zerfegten, kargen, felsigen Inselchen, etwa 80 km nordöstlich von Schottland gelegen. Sie gaben unserer Rasse zwar den Namen, aber entsprechende Hunde lebten auch auf den Äußeren Hebriden, auf Orkney und der Insel Hoy. Es läßt sich daher nur spekulieren, woher die ersten Hunde der Inseln stammten.

Shetland gehörte bis Mitte des 15. Jahrhunderts zu Norwegen. So ist anzunehmen, daß skandinavische

Rassen, u. a. norwegische Buhunde, Yakkis (spitzähnliche Hunde, benannt nach den Bewohnern Grönlands, den Yaks), Spitze und isländische Hütehunde zu den Vorfahren zählen. Spuren dieser Kreuzungen findet man noch immer in den manchmal auftretenden rußfarbigen Schnauzenpartien, Stehohren, Ringelruten, der allzu hellen Zobelfarbe etc...

Die Shetland-Inseln waren aber auch eine beliebte Anlegestelle von Handels-, Walfänger- und Fischerbooten der verschiedensten Nationen. Diese Schiffe führten sicherlich Hunde als Begleiter mit, die Einfluß auf die einheimische Hundepopulation nahmen.

Erst ab Mitte des 19. Jahrhunderts entwickelten sich einige der Crofts (Pachtgrundstücke) zu größeren Schaffarmen, so daß die heimischen Hunde durch die größeren Working Collies ersetzt oder mit ihnen gepaart wurden.

Die Inselbewohner, für die es bei den frühen Kreuzungen hauptsächlich auf die spätere Nützlichkeit ankam, nannten ihre kleinen Helfer Toonie Dogs (»toon« ist der lokale Ausdruck für Farm), Peerie Dogs (norwegischer Ursprung, »piri« bedeutet klein), Fairy (feenhaft) Dogs und Shetland Collies. Der liebevoll abgekürzte Rassename »Sheltie« ist eine spätere Erfindung.

Aus dem Namen Toonie Dog kann man die eigentliche Hauptaufgabe der kleinen Hunde ableiten. Entgegen der weitverbreiteten Auffassung, Shelties seien – wie etwa die Border Collies – typische, mit vielen Schafen umgehende Hütehunde, wurden sie vielmehr dazu eingesetzt, lautstark die nicht eingezäunten Pachtgrundstücke der Kleinbauern vor dem hungrigen Vieh zu schützen, das ansonsten die spärlichen, um die Farmen herum für den Winter angelegten Anpflanzungen gefressen hätte.

Zum jährlichen Desinfektionsbad trieben die Shetland Collies die Schafe von den Hügeln zu den Tauchbecken.

Aber die Inselbewohner schätzten ihre kleinen vierbeinigen Hausgenossen auch als ständige, verständige Begleiter, die zum Hof und zur Familie gehörten.

Für die vielfältigen Aufgaben benötigten die Shetland-Kleinbauern keine großen Hunde. Ein kleiner, flinker, zäher Hund mit wetterbeständigem Haarkleid, der im Unterhalt kaum etwas kostete und in den winzigen Bauernkaten wenig Platz beanspruchte, genügte, um die Shetland-Ponies (eine Miniaturausgabe des Shire-Pferdes), Zwergrinder und die kleinen, wendigen Schafe mit den schwarzen Gesichtern und der langen, seidigen Wolle unter Kontrolle zu halten.

Inselbesucher, wie Offiziere der Königlichen Marine und Ponyhändler, fanden Gefallen an den kleinen, attraktiven, gelehrigen »Kerlchen« und nahmen sie ab und zu als Geschenk mit nach Hause. Das Interesse an den Shetland Collies wuchs, schnell witterten die Crofter (Pachtbauern) eine neue Einnahmequelle und kreuzten unterschiedliche Kleinhundrassen ein. Alte Fotos zeigen deutlich den Einfluß von King Charles Spaniels (große, schwere Ohren, seidiges, lockiges Haar) und anderen Schoßhunden, wie zum Beispiel dem Zwergspitz und Papillon (runde Augen und Oberschädel, Ringelruten).

Der moderne Sheltie

Ab Anfang des 20. Jahrhunderts sah man Shelties gelegentlich auf Ausstellungen des Festlandes, wo sie zunächst mehr als Kuriosum und nicht als ernstzunehmende Rasse betrachtet wurden. Aussehen und Größe variierten beträchtlich; Shetland Collies entsprachen noch ganz und gar nicht einem »Show Collie en miniature«. Dennoch war der Aufschwung nicht mehr aufzuhalten, aber gleichzeitig bestand die Gefahr, die Rassecharakteristika aus Profitgier zu verlieren. So gründeten einige Sheltieenthusiasten und Pionierzüchter am 28. November 1908 den »Shetland Collie Club« in Lerwick, eröffneten die ersten Zuchtbücher, und sie formulierten einen Standard.

Im Januar 1909 wurde der erste Sheltieclub des Festlands, der »Scottish Shetland Sheepdog Club«, gegründet. Zu diesem Zeitpunkt erfolgten bereits die ersten Eintragungen unter dem Namen »Shetland Sheepdog« in der »Kennel Gazette« (Zeitschrift des »Kennel Clubs«, der Dachorganisation des Britischen Hundewesens).

Einige schwere und bewegte Jahre schlossen sich an, bis der Sheltie als Rasse offizielle Beachtung fand, denn vor allem die Colliezüchter weigerten sich entschieden, einen Shetland »Collie« zu akzeptieren. 1914 wurde wohl zum bedeutendsten Jahr der frühen Rassegeschichte: Der »English Shetland Sheepdog Club« wurde in Birmingham gegründet (z. Zt. der größte und einflußreichste Sheltieclub Großbritanniens); es erfolgte endlich die endgültige, getrennte Klassifizierung und die Kennel-Club-Anerkennung. Der Standardwortlaut veränderte sich von einem »Hütehund in miniatur« zu einem »modernen Show-Collie in miniatur«.

1915 wurde das erste CC (Challenge Certificate = Anwartschaft auf den Britischen Championtitel) für unsere Rasse in Birmingham an Mrs. HUBANDS selbstgezüchtete schwarzweiße Hündin *Frea* (eine Tochter des schwarz-weißen *Lerwick Jarl*, dem ersten einflußreichen Sheltie-Deckrüden) vergeben.

1916, während des 1. Weltkrieges, kurz bevor der Kennel Club alle Ausstellungen verbot und das Züchten nur noch mit Sondergenehmigung erlaubte, wurden die ersten britischen Sheltie Champions, beides tricolour Rüden, gekrönt: *Ch. Clifford Pat* (geboren 22. 4. 1914) und *Ch. Woodvold* (geboren 21. 6. 1913; seine Mutter war die kleine Colliehündin *Gesta*).

Nach dem Krieg sah es nicht günstig für den Sheltie aus. Nur sehr wenige Züchter hatten Zuchttiere halten können. Um die neue Rasse aus

Wallace, ein Sohn von Butcher Boy, dem Begründer der BB-Linie.

der Misere zu retten, fanden gezielte Show-Collie-Einkreuzungen statt, die einen nachhaltigen Effekt auf die weitere Rasseentwicklung hatten. Die kleine goldensable Colliehündin *Teena* brachte mit *Wallace* (ein *Butcher-Boy*-Sohn) den zobel-weißen Rüden *War Baby of Mountford*, auf den alle heutigen Nachfahren der BB-Linie (Butcher-Boy-Linie), eine von zwei heute noch direkten, aktiven Rüdenlinien, zurückgehen.

Mr. CAIRD aus Aberdeen hatte großes Glück mit seiner Verbindung *Chestnut Rainbow* (Begründer der CHE-Linie = Chestnut-Linie) mit *Chestnut Sweet Lady* (nicht registriert; wahrscheinlich eine kleine tricolour Collie-Hündin), deren qualitätsvolle Nachkommen (*1924) von unschätzbarem Einfluß waren.

Bedingt durch die bekannten und andere, weniger offiziell durchgeführte Colliekreuzungen herrschte Mitte der 20er Jahre große Uneinigkeit unter den Sheltieliebhabern: Die eine Seite befürwortete den originalen Sheltietyp, d. h. die direkten Importe und Nachfahren der Inselhunde, die andere Gruppe strebte trotz der Größen- und Kopfprobleme in Anlehnung an den Standard und die schon früher durchgeführten Collieverbindungen nach einem kleinen Collie.

Hervorragende, im Typ den Hunden ihrer Zeit überlegene Rassevertreter, wie der tricolour Rüde *Ch. Helensdale Laddie* (geboren 1925), *Ch. Gawaine of Cameliard*, ein zobelweißer Rüde (geboren 1926) und später der bekannte Zuchtrüde *Ch. Uam Var of Houghton Hill*, tricolour, geboren 1927, die beide Typen und Harmonie in sich vereinigten, konnten diese Streitereien glücklicherweise beenden.

In der Zeit zwischen den beiden Weltkriegen wurden viele neue Zwinger, u. a. die weltbekannten »Riverhill«-Shelties von den Damen F.M. und P.M. ROGERS gegründet, die qualitätsvolle Hunde züchteten, welche zum Grundstock der heutigen Sheltiezucht wurden.

Obwohl während des 2. Weltkriegs keine Championshipshows (Ausstellungen mit Titelanwartschaften) stattfanden, überstand der Sheltie in Großbritannien diese schwere Zeit besser als den 1. Weltkrieg. 1948 einigten sich die Rasseclubs auf einen gemeinsamen Standard.

Shelties haben sich im Laufe der Jahre im Aussehen sehr verändert. Aus dem kleinen »Mischling« ist ein ansprechender, auf Schönheit gezüchteter Rassehund mit reichem Haarkleid geworden, der aber nichts von seiner Intelligenz und seinem Charme verloren hat. Heutzutage sieht man auf den großen englischen Schauen fast immer an die 200 Exemplare. In Großbritannien und in den USA gehört der Sheltie zu den zehn beliebtesten Rassen.

Obwohl es in Europa nur noch wenige bei der Herde arbeitende Shelties gibt, haben sich der Hüteinstinkt

Züchterinnen und Zuchtschaurichterinnen, die die Sheltiezucht weltweit prägten: Miss F. M. Rogers mit Riverhill Ringleader, Miss J. M. Herbert mit Ch. Shelert's Sindbad The Sailor und Miss Mary Davis, Monkswood Shelties, auf der English Shetland Sheepdog Club-Championshipshow 1981.

(durch die Collie-Einkreuzungen nochmals gefestigt und in den USA mit den immer populärer werdenden »Herding Instinct Tests«, Hüteinstinkt Tests, neu gefördert), die Fähigkeit zu absolutem Gehorsam, die Anhänglichkeit an »seinen« Herrn und eine sprichwörtliche Gesundheit erhalten. Shelties im Obedience-Ring (Gehorsamsübungen nach britischem System), bei Agility- und Breitensportturnieren und natürlich als Begleithund sind sowohl in den angelsächsischen Ländern als auch bei uns inzwischen ein vertrauter Anblick (siehe Kapitel »Sport und Spaß mit dem Hund«). Ja, es gibt sogar Shelties mit Schutzhundprüfung!

Der Sheltie in Deutschland

1935 wurden die ersten Shelties in das Zuchtbuch des »Reichsverbandes für das Deutsche Hundewesen«

(RDH) eingetragen. Baronin von Richthofen-Schweidnitz (Schlesien) züchtete mit den beiden ersten englischen Importen, *Medgelake Magnetic* und *Margy*, unter dem Zwingernamen *»von Pomona«* einige Würfe. Die erste »deutsche« Hündin war *Sally von Pomona*.

Züchter der ersten Stunde waren Frau I. Bader-Keller (*»von der Alpspitze«* Shelties und Collies) und Frau U. von Antropoff (*»vom Rehof«*). Der blue merle Import-Rüde *Sgr. Blue Star of Hougton Hill*, im Besitz von Frau Bader-Keller, (ein Sohn des berühmten *Ch. Uam Var of Houghton Hill*) und seine Nachkommen waren zur damaligen Zeit geschätzte Zuchttiere in Deutschland.

1942 bis 1945 wurden in das »Deutsche Sammelzuchtbuch für Rassehunde« stolze 134 Shelties eingetragen, u. a. einige schwedische Importe; 1945 bis 1949 waren es dann 187 Eintragungen in das »Allgemeine Sammelzuchtbuch«. Auf die westdeutsche Sheltiezucht hatten diese frühen Importe jedoch keinen weiteren Einfluß. In den ostdeutschen und

Weltsieger, Bundes-
und Clubsgr. Jefsfire
Allensway Captain
Scarlet, geboren 1969,
meistbenutzter Sheltie-
Deckrüde der deut-
schen Rassegeschichte.

tschechischen Sheltie-Ahnentafeln sind diese Linien gelegentlich noch zu finden und können durch die deutsche Vereinigung schnell wieder aufleben.

Ende der 50er und Anfang der 60er Jahre gelang es erfahrenen westdeutschen Colliezüchtern, die bei ihren Besuchen in Großbritannien den

Sheltie lieben gelernt hatten, hervorragende Rassevertreter zu importieren, u.a. sogar die *GB Ch.* Hündin *Sheer Sauce from Shiel.* Diese Importe verhalfen dem Sheltie in Deutschland zu neuen Freunden und verbesserten die Zuchtbasis sehr.

Ab 1978 hatte der Sheltie das große Glück, daß die unabhängige Fachzeitschrift »Collie Revue« einen Sheltieteil angliederte, der es den interessierten Züchtern ermöglichte, über die Rasse Informationen aus aller Welt zu lesen und Erfahrungen auszutauschen.

In Westdeutschland waren und sind es vor allem die immer wieder aus Großbritannien, in geringem Maße auch die aus den skandinavischen Ländern und den USA (siehe »Der Sheltie in Amerika«) importierten Deckrüden, die die Rasseentwicklung, den Typ und die Qualität bestimmen sowie für Blutauffrischung sorgen. Bis 1980/81 beeinflußte der *GB Ch. Jefsfire Freelancer*

Int., Dt., VDH-,
Österr., Lux. Ch.,
Bundessieger Sandwick
Boomerang, geboren
1985, derzeit einer der
meistbenutzten und
erfolgreichsten Sheltie-
Zuchtrüden in
Deutschland.

führt und zur Zucht verwendet. In den 80er Jahren waren es dann seine Urenkel, die den westdeutschen Sheltietyp prägten.

1982 wurde der tricolour Rüde *Ch. Willow Tarn Trident* (ein Sohn von *Ch. Midnitesun Justin Time*) von Familie SPERLICH importiert. Er machte sowohl auf Ausstellungen als auch in der Zucht eine steile Karriere und stand durch seine Kinder in der Collie-Revue-Auswertung »Erfolgreichste Vatertiere« 1985 bis 1988 an der Spitze.

Durch die »Mauer« und die jahrelangen Importverbote aus dem Westen mußten die ostdeutschen Züchter dagegen auf das vorhandene Material (die Linien der »ersten Stunde« und die Importe aus führenden westdeutschen Zwingern, die Ende der 50er und in den 60er Jahren stattfanden) aufbauen und sich mit gelegentlichen Deckakten durch Shelties aus benachbarten Ostblockländern begnügen. Sicherlich keine leichte Aufgabe, die die ostdeutschen Züchter im Falle des Shelties aber mit Bravour lösten, wie ihre Erfolge auf

Int., Dt., Lux., VDH-Ch., Bundes- und Europasieger Winner Willow Tarn Trident, geboren 1981, erfolgreichster Sheltie-Deckrüde 1985–1988 lt. Collie Revue-Auswertung!

(Züchter und Besitzer: JEFFRIES, GB) die westdeutsche Sheltiezucht entscheidend. In einem Zeitraum von 10 Jahren wurden vier *Freelancer*-Kinder und neun seiner Enkel einge-

Jackie vom Teufelsstein, geboren 1982, ist der erste ostdeutsche Sheltie, der auf einer internationalen Schau in Westdeutschland ein CACIB erringen konnte. Er erwies sich ebenfalls als guter Vererber.

Ausstellungen im vereinten Deutschland beweisen.

Bisher hat der Sheltie in Deutschland noch keine allzu große Verbreitung erlangt. Sheltiezwinger mit mehr als sechs Zuchthündinnen gehören zu den seltenen Ausnahmen. Die meisten Shelties sind geliebte Familienmitglieder. Um die 30 bis 40 Meldungen auf den Internationalen Rassehunde- und Clubschauen und ca. 350 bis 400 Eintragungen aus ca. 90 Würfen in 60 Zwingern pro Jahr ins Zuchtbuch des »Clubs für Britische Hütehunde e. V.« waren bisher üblich. Nun, nach Eingliederung der neuen Bundesländer, wird sich die Zahl der Eintragungen wohl wesentlich erhöhen (im Osten Deutschlands wurden jährlich um die 250 bis 300 Shelties registriert).

Vor internationaler Konkurrenz braucht sich der deutsche Sheltie nicht mehr zu fürchten. Zahlreiche Erfolge auf ausländischen Schauen unter renommierten Richtern und auch auf der jährlich stattfindenden Weltsiegerausstellung beweisen seine Qualität.

Der Sheltie in Amerika

Obwohl Shelties weltweit den gleichen Ursprung haben und frühe englische Importe den Grundstock für die amerikanische Sheltiezucht bildeten (heutzutage haben englische Importe keinen Einfluß mehr), gibt es dennoch typmäßige Abweichungen, die vor allem im unterschiedlichen Standardwortlaut (in Amerika gilt für Shelties nicht der FCI-Standard) und der differierenden Einstellung zur Kynologie begründet sind.

In den Vereinigten Staaten gehört der Sheltie zu den zehn beliebtesten Rassen. Es werden jährlich an die 4.000 Shelties aus 1.400 Würfen eingetragen. Viele große, professionelle Sheltiezuchtstätten bestimmen die Rasseentwicklung maßgeblich.

Schon im Vorwort des US-Standardtextes wird auf die frühen Collieeinkreuzungen und die Ähnlichkeit des Shelties zu seinem größeren Verwandten hingewiesen. Berühmte

Aufmerksam und selbstbewußt ist dieser hübsche dunkelzobelfarbene Sheltierüde aus amerikanischer Zucht.

ner Substanz. Pionierzüchter beider Länder haben aus ihren unterschiedlichen Vorstellungen von einem idealen Sheltie (auf jeden Fall was Kopftyp und Knochenstärke betrifft) und durch Selektion den Typunterschied erreicht und gefestigt.

Daß US-Shelties generell größer sein sollen als europäische, bezweifle ich. Der amerikanische Standard schreibt 16 inches (40,64 cm) als oberstes Limit vor; ein größerer Hund wird konsequent disqualifiziert. Nach FCI-Standard ist Übergröße (ein Sheltierüde darf bis zu 15,5 inches = 39,37 cm sein) zwar höchst unerwünscht, ein zu großer Sheltie kann aber noch ausgestellt werden, und, je nach Konkurrenz, sogar auf den vordersten Plätzen stehen.

Bedingt durch das Traumziel, auch mit einer kleinen Rasse wie dem Sheltie im Wettstreit um den Gruppen- und Besten-Hund-der-Schau-Sieg erfolgreich zu sein, wurden die amerikanischen Shelties immer eindrucksvoller, und sie zeigen sich ununterbrochen und freudig. Dadurch verloren sie die im Standard geforderte Reserviertheit gegenüber Fremden. In Europa ist sie bisher weitgehend erhalten geblieben, und der Sheltie ist keine »Ausstellungsstatue«, die, mit Kreide und Schere gestylt, von professionellen Vorführern zum Titel gebracht wird. Im Gruppenwettbewerb kann er dadurch in Europa nicht so erfolgreich sein.

Trotz der Unterschiede können gute amerikanische Shelties auch in Deutschland durchaus konkurrieren. Zwar gibt es noch keinen US-Import-Sheltie mit Deutschem Championtitel, aber einige mit Anwartschaften. Neben den hier stationierten amerikanischen Soldaten, die ihre Shelties

amerikanische Züchter der ersten Stunde bestätigen Collieeinkreuzungen noch um 1930, wobei die Welpen jedoch als reinrassige Shelties eingetragen und später zur Zucht verwendet wurden.

Typunterschiede beruhen u. a. auf den Augen, die nicht ganz so schräg stehen wie beim britischen Sheltie (siehe »Standard-Unterschiede zwischen Collie und Sheltie«). Auch die Keilform des Kopfes wird anders ausgelegt, die Amerikaner bevorzugen einen weniger spitz zulaufenden Fang. Während in Großbritannien eine elegante Gesamterscheinung geschätzt wird, erwarten die Amerika-

mitbringen und gelegentlich Würfe aufziehen, setzen ca. 15 % der deutschen Züchter amerikanische Shelties in ihrem Zuchtprogramm ein. Ab und zu sieht man qualitätsvolle Shelties aus Verbindungen englischer, amerikanischer und deutscher Linien, die die Vorzüge aller in sich vereinen.

Der Sheltie-Charakter

Die kennzeichnenden und liebenswertesten Qualitäten des Shelties sind sein Charakter und seine Persönlichkeit. Er ist ein fröhlicher kleiner Schelm, immer zu Spiel und Spaß aufgelegt. Er besitzt Charme und Intelligenz. Bedingt durch seine Vergangenheit als »Toonie Dog«, d. h. als Gebrauchs-, Hüte- und Familienhund, eignet er sich heute noch für die unterschiedlichsten Lebensstile und Gegebenheiten.

Der Sheltie begreift rasch, lernt im Handumdrehen auch die ausgefallensten Tricks und vergißt nie. Dies macht ihn zu einer der ausbildungsfähigsten und arbeitswilligsten Rassen. Shelties sind deshalb vor allem in den angelsächsischen Ländern und in den Vereinigten Staaten, wo Hunde wettbewerbsmäßig für Gehorsamsprüfungen ausgebildet werden, sehr beliebt.

Da der Sheltie immer bemüht ist, seinem Herrn in allem zu genügen, ihm jeden Wunsch von den Augen abzulesen, und glücklich ist, wenn er seine Sache gut gemacht hat und gelobt wird, ist seine Erziehung auch für den Anfänger leicht. Meist genügt schon ein strafendes Wort in entsprechendem Tonfall oder der erhobene Zeigefinger, um ihn zu korrigieren oder von Unerwünschtem abzuhalten. Seine Öhrchen richten sich erst wieder auf, wenn man ihm verziehen hat. Harte und sehr strenge Erziehung ist nicht notwendig; im Gegenteil, der Sheltie reagiert negativ auf »militärische« Behandlung. Das heißt jedoch nicht, daß er ein zerbrechlicher Schoßhund ist.

Ein Sheltie mit korrektem Wesen ist ein ruhiger, kleiner Arbeitshund, der das tägliche Leben ohne Probleme freudig mit uns teilt. Manchmal ist seine Fähigkeit zu verstehen und zu reagieren geradezu erstaunlich. Er ist ausgelassen und fröhlich, wenn Sie gute Laune haben, zurückhaltend, wenn Sie beschäftigt sind und besorgt und traurig, falls es Ihnen schlecht geht. Zwei Worte drücken die Bezie-

Dem schwarz-weißen Sheltierüden macht sogar die Mannarbeit viel Spaß.

*Shelties sind eine lang-
lebige Rasse, 15 oder
16 Jahre sind durchaus
nicht ungewöhnlich.
Die älteste Hündin
dieser Familie ist 11
Jahre und noch topfit!*

hung zu seinem Herrn aus: Einfühl-
samkeit und Verständnis.

Ein Sheltie versteht es, die Aufmerksamkeit auf sich zu ziehen. Einige entwickeln sogar besondere Eigen-
arten: Sie können lächeln, kreuzen die
Vorderläufe, wenn sie sich hinlegen
oder waschen sich das Gesicht wie eine Katze.

Der Sheltie läßt sich zwar gern von
der ganzen Familie verwöhnen und ist
allen freundlich zugetan, doch seine
wahre Liebe gilt meist nur einer bestimmten Person. Der Sheltie kann
zu einem typischen »Einmannhund«
werden. Er läßt seinen Besitzer keine
Sekunde aus den Augen. Nur selten
ist er mehr als einen halben Meter entfernt, immer sprungbereit, damit
auch nichts seiner Aufmerksamkeit
entgeht.

Fremden gegenüber ist er in der
Regel mißtrauisch und abgeneigt. Er
verschwendet seine Zuneigung nicht
an Personen, die er nicht kennt.
Freundschaft schließt er von sich aus
(und sie ist dann unzerbrechlich), ein-
schmeicheln kann man sich bei ihm
nicht. Die natürliche Reserviertheit
Fremden gegenüber sollte nicht in
Ängstlichkeit ausarten, und umgekehrt besitzt auch ein aufdringlicher
Sheltie nicht die im Standard geforderten Charaktereigenschaften.

Wer Wachsamkeit schätzt, aber
auf einen wehrhaften Hund keinen
Wert legt, hat mit dem Sheltie eine
gute Wahl getroffen. Er schlägt
Alarm, und es fehlt ihm auch nicht an
Mut zuzubeißen, wenn es die Situa-
tion erfordert, doch leuchtet ein, daß
er wegen seiner Größe gegen Men-

schen machtlos ist. Seine angeborene Wachsamkeit kann allerdings rasch in unnötiges Kläffen umschlagen. Wer sich daran stört, sollte von klein auf die Erziehung darauf ausrichten und ihm diese Unart (ein Erbe aus der Zeit, in der er das hungrige Vieh von den Anpflanzungen der Farmen fernhalten mußte) energisch verbieten. Jagen, Wildern und Streunen sind dem Sheltie fremd (keine Ausnahme von der Regel!), dafür kann das »Stöckchenwerfen« zu einer wahren Leidenschaft werden.

Wer paßt zum Sheltie?

Der Sheltie ist glücklich und zufrieden, wenn er bei seinem Herrn ist. Er schließt sich mit ganzem Herzen an seine Menschen an. Daher ist er ideal für Alleinstehende und für ältere Menschen, die viel Zeit für ihn haben und einen hingebungsvollen Kameraden suchen. Behinderte, die auf einen sensiblen, feinfühlenden und verständigen Begleiter angewiesen sind, können getrost einen Sheltie wählen.

Doch auch in einer lebhaften Familie fühlt sich der Sheltie wohl, wenn er von klein auf hineinwachsen konnte. Er ist quirlig, voll Energie und ein ausdauernder Spielkamerad für Kinder jeden Alters. Er liebt »seine« Kinder und ist ihnen gegenüber erstaunlich geduldig. Eltern müssen nur darauf achten, daß unverständige Kinder ihn nicht quälen und dem Hund ein Fluchtweg offensteht. Ist ein Sheltie keine Kinder gewöhnt, meidet er sie meist.

Für Shelties gilt das Motto: »Platz ist in der kleinsten Hütte!« Da ihm nur das Zusammensein mit seinem Menschen wichtig ist, spielt die Größe der Wohnung keine Rolle. Wenn er den zur Gesunderhaltung nötigen regelmäßigen Auslauf bekommt und zur geistigen Anregung genügend Beschäftigung durch Spiel und Spaß mit seinem Besitzer erhält, brauchen auch diejenigen, die in einer kleinen Etagenwohnung leben, auf den geliebten Vierbeiner nicht zu verzichten.

Rauflust kennt er nicht. Mit seinesgleichen versteht er sich ausgesprochen gut, und es ist eine Freude, mehrere Shelties um sich zu haben, obwohl jeder Sheltie eifersüchtig darauf bedacht ist, ausreichend Aufmerksamkeit von seiner Bezugsperson zu erhaschen. In großer Zahl sollte man Shelties deshalb nicht halten. Sie brauchen die individuelle Beschäftigung; ihre Persönlichkeit würde alleingelassen verkümmern.

Junge, sportliche Menschen begleitet der Sheltie freudig, schnell und ausdauernd. Gerade bei ausgiebigen Wanderungen und Waldläufen kommt er auf seine Kosten. Durch seine Intelligenz, Lernbereitschaft, Sprungkraft und den natürlichen Gehorsam eignet er sich für alle möglichen Arten von Hundesportaktivitäten.

Der Sheltie ist dank seiner geringen Größe, erstaunlichen Anpassungsfähigkeit und vielfältigen anderen Qualitäten ein Hund für all diejenigen, die einen lebhaften, fröhlichen, attraktiven, kleinen Vierbeiner suchen, der im Grunde nur eine Bedingung an seinen Herrn stellt: die meiste Zeit des Tages mit ihm zusammenleben zu dürfen.

Rassekennzeichen von Collie und Sheltie

Das Erscheinungsbild eines idealen Rüden...

...und einer idealen Hündin.

Der Standard des Collies (Langhaar)

FCI-Nr. 156/1.1; 18. Juli 1988
Ursprungsland: Großbritannien
Übersetzung: Birgit Fricke
Die Collie-Zeichnungen und die kursiv gedruckten Kommentare stammen von Mia Ejerstad-Conti.

Allgemeines Erscheinungsbild

Der Collie stellt einen Hund von großer Schönheit mit gelassener Würde dar. Dabei ist kein Einzelteil unproportioniert zum Gesamtbild.

Charakteristika

Der Körperbau ist geprägt von Kraft und Aktivität, er ist frei von Plumpheit und ohne jede Spur von Grobheit. Der Ausdruck ist von größter Wichtigkeit.

Betrachtet man die hierfür relevanten Merkmale, so wird er geprägt durch die vollkommene Ausgewogenheit und richtige Zusammensetzung von Schädel und Vorgesicht, durch Größe, Form, Farbe und Sitz der Augen und durch korrekt angesetzt und richtig getragene Ohren.

Wesen

Freundlich veranlagt, ohne jegliche Spur von Nervosität oder Aggressivität.

Ein harmonischer Collie mit der erwünschten Umrißlinie: Lange, fließende Linien mit einem Fell, das den Körperlinien angepaßt ist. Richtiges Verhältnis der Körperlänge zur Schulterhöhe. Der Hund ist kräftig, aber dennoch elegant mit langem, gewölbtem Nacken.

Dieser Hund hat eine abfallende Rückenlinie, da die Schulter/Oberarmwinkelung zu steil und die Kruppe zu kurz und abfallend ist. Vor- und Hinterhand passen nicht zusammen, auch der Nacken ist zu kurz und gerade.

Dieser Hund ist sehr kurz im Vergleich zur Schulterhöhe. Das Fell ist den Körperlinien nicht angepaßt. Der Kopf wirkt mit dem zu tiefen Stop plump. Der Hund ist vorne und hinten nicht ausreichend gewinkelt. Der ganze Hund wirkt unelegant und plump.

Dieser Hund wirkt insgesamt zu kurz und dünn. Er hat eine schlechte Front und Hinterhand. Das Fell versteckt mangelnde Körpersubstanz und Gebäudefehler. Der Kopf hat einen etwas zu stark ausgeprägten Stop.

Kopf und Schädel

Die Besonderheit des Kopfes ist von großer Wichtigkeit; er muß im Verhältnis zur Größe des Hundes betrachtet werden. Von vorn oder von der Seite gesehen gleicht der Kopf einem gut abgestumpften, sauber geschnittenen Keil mit glatten Außenlinien. Der Schädel ist flach und verjüngt sich an den Seiten allmählich in einer glatten Linie von den Ohren bis

zur Spitze der schwarzen Nase, ohne daß die Wangenknochen hervorstehen und ohne daß der Fang dünn und spitz wirkt. Im Profil betrachtet, verlaufen die oberen Linien des Schädels und des Vorgesichts parallel und gerade und sind gleich lang. Sie werden durch einen leichten, jedoch wahrnehmbaren Stop oder Absatz geteilt. Der Mittelpunkt zwischen den inneren Augenwinkeln (der gleichzeitig das Zentrum eines korrekt plazierten Stops ist) stellt den Mittelpunkt einer ausgewogenen Kopflänge dar. Das Ende des glatten, gut abgerundeten Fanges ist stumpf, niemals quadratisch. Unterkiefer kräftig und gut geformt. Die Tiefe des Schädels, von den Augenbrauen zur Unterkante des Unterkiefers hin, darf niemals übermäßig sein (insgesamt nicht tief). Nase grundsätzlich schwarz.

Augen

Ein sehr wichtiger Punkt, sie geben dem Hund den lieblichen Ausdruck. Mittelgroß (auf keinen Fall sehr klein), etwas schräg eingesetzt, mandelförmig und von dunkelbrauner Farbe, ausgenommen bei den Bluemerles, bei denen die Augen häufig (eines oder beide ganz oder eines oder beide teilweise) blau oder blaugefleckt sind. Der Ausdruck ist voller Intelligenz, mit einem lebhaften und wachsamen Blick beim Lauschen.

Ohren

Klein, weder zu nahe beieinander auf dem Schädel noch zu weit voneinander abgesetzt. In der Ruhe zurückgelegt, jedoch, sobald seine Aufmerksamkeit erregt wird, nach vorne gebracht und halb aufrecht getragen;

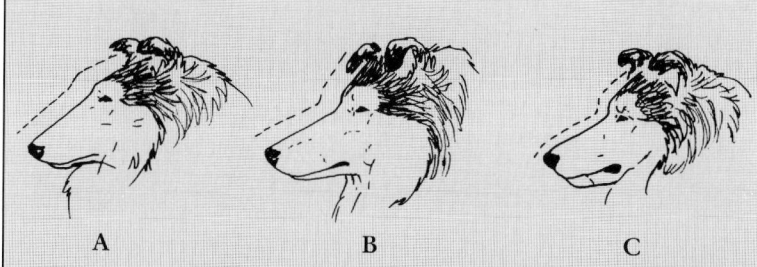

A   B   C

Kopffehler, von der Seite gesehen

Hund A: Der Kopf ist insgesamt zu grob. Der Oberschädel fällt ab, er ist außerdem »deep through«, d. h. tief (der Abstand zwischen der Oberlinie der Augenbrauen und der Unterlinie des Unterkiefers ist zu groß).

Hund B: Er hat ein »eingedelltes« Profil (»dish-face«, Schüsselprofil) mit zu viel Stop, der Unterkiefer ist zu schwach, die Ohren werden zu stark gekippt. Dieser Kopf hat nichts mit der vom Standard geforderten Keilform gemeinsam.

Hund C: Auch dieser Kopf ist weit entfernt von der korrekten Keilform. Der Oberschädel ist ein wenig rund, der Stop übertrieben, die Nasenspitze fällt ab, und der Unterkiefer ist zu kräftig und zeigt Hängelefzen. Der Ausdruck wirkt aufgrund der »hochgezogenen« Augenbrauen besorgt.

Kopffehler, von vorne gesehen

Hund A: Er hat die erwünschte Kopflänge, aber der Schädel wirkt zu breit, die Ohren sind groß, wenn auch gut angesetzt und gut getragen. Die Augen sind zu rund und können deshalb nicht, wie im Standard erwünscht, schräg eingesetzt sein.

Hund B: Er hat ein schwaches Vorgesicht und einen zu breiten Oberschädel. Die Ohren stehen ab, und ihre Spitzen zeigen nach außen. Die Augen sind zu klein und geben einen »Schweinsäuglein«-Ausdruck. Der Kopf ist insgesamt etwas zu kurz.

Hund C: Dieser Kopf ist zu kurz und grob, er wirkt plump. Die Ohren sind groß, schwer und zu weit seitlich angesetzt (weil der Schädel zu breit ist). Die Augen haben nicht die korrekte Mandelform, sondern sind dreieckig, der Ausdruck wirkt besorgt. Das Vorgesicht erscheint quadratisch mit vorne überhängenden Lefzen. Dieser Kopf entbehrt jeglicher erwünschten Eleganz.

A   B   C

Das Gebiß des Hundes

a) *Die Zähne werden in jedem Kieferast von vorn nach hinten gezählt: Im Oberkiefer I1, I2, I3 (I = Incisivi = Schneidezähne); C (Caninus = Fangzahn); P1, P2, P3, P4 (P = Prämolaren = vordere Backenzähne = Lückenzähne); M1, M2, M3 (M = Molaren = Mahlzähne = Reißzähne). Im Unterkiefer sind es nur zwei Molaren und somit 42 Zähne im bleibenden Gebiß.*

b) *Nur das Scherengebiß ist korrekt; der Zangen- oder Aufbiß, der Vorbiß und der Unter- oder Überbiß sind fehlerhaft.*

c) *Schiefe Fangzähne sind erblich und kommen beim Sheltie relativ häufig vor. Teilweise ist es dem Hund dadurch nicht mehr möglich, seinen Fang korrekt zu schließen.*

d) *Ebenfalls fehlerhaft: Neben dem gerade durchgestoßenen, bleibenden Fangzahn steht noch der Milchzahn, der gezogen werden muß, damit sich keine Futterreste sammeln können oder gar Entzündungen entstehen.*

d. h. annähernd zwei Drittel des Ohres stehen aufrecht und das obere Drittel kippt auf natürliche Art nach vorn bis unter die waagerechte Linie der Kippfalte.

Fang/Gebiß

Die Zähne sind von guter Größe. Kiefer kräftig, mit einem perfekten, regelmäßigen und vollständigen Scherengebiß, d. h. daß die obere Schneidezahnreihe ohne Zwischenraum über die untere greift und die Zähne senkrecht im Kiefer stehen.

Hals

Muskulös, kraftvoll, von angemessener Länge, gut gebogen.

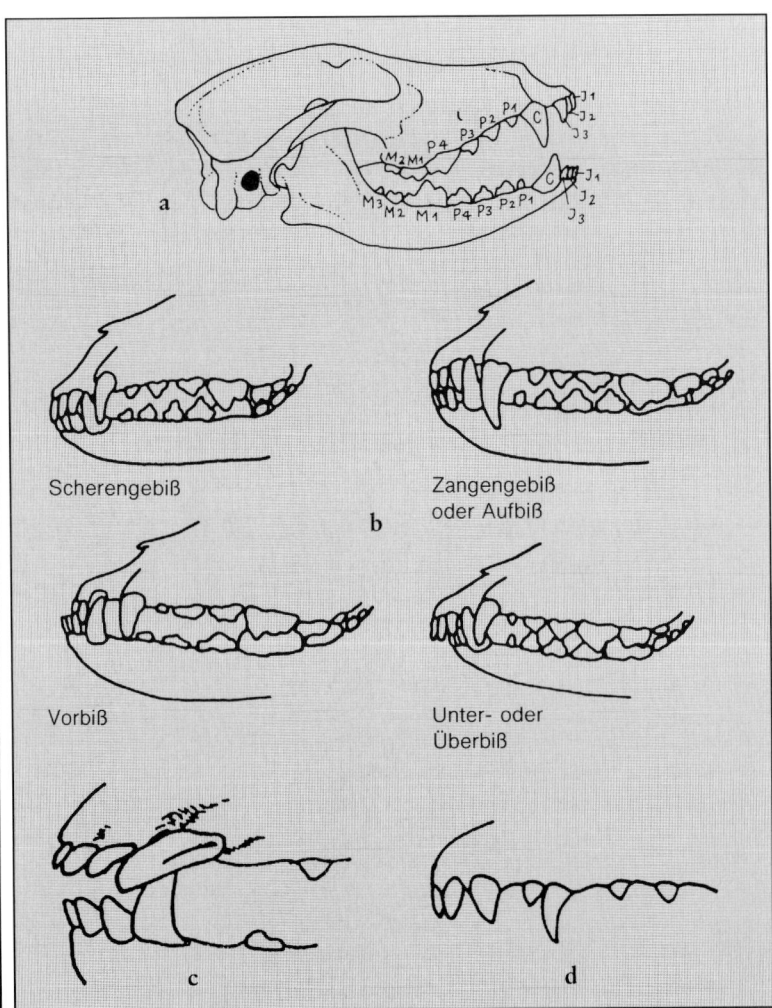

Scherengebiß

Zangengebiß oder Aufbiß

Vorbiß

Unter- oder Überbiß

Vorhand

Schultern schräg und gut gewinkelt. Vorderläufe gerade und muskulös, wobei die Ellenbogen weder nach innen noch nach außen drehen; mit nicht zu starken Knochen.

Körper

Im Vergleich zur Schulterhöhe etwas länger; Rücken fest, mit leichter Wölbung über der Lendenpartie. Rippen gut gewölbt. Tiefe Brust, dabei hinter der Schulter ziemlich breit.

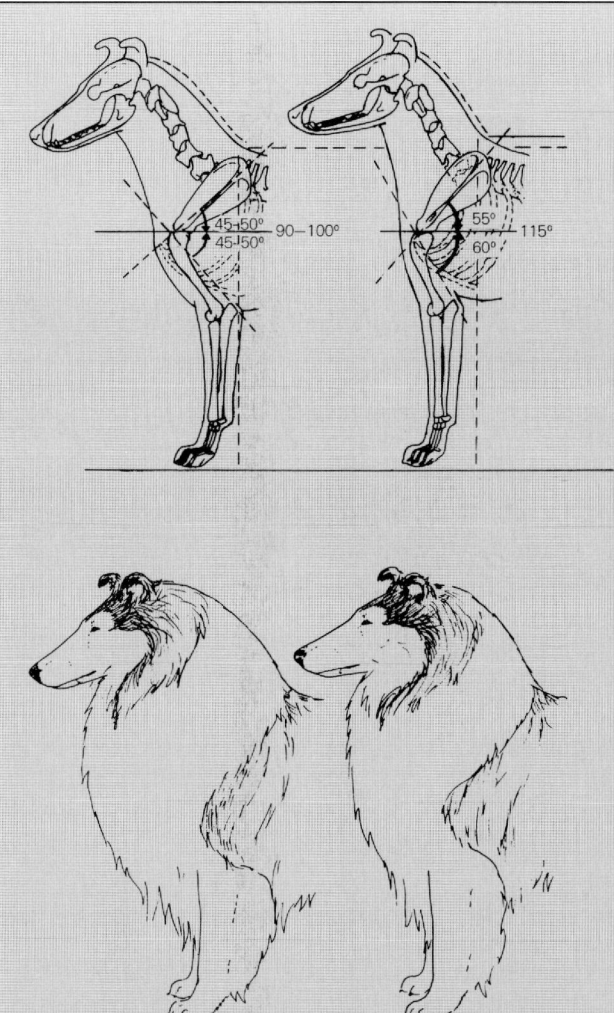

Der ideale Winkel der Schulterblätter liegt um 45 bis 50° zur Horizontalen, was ebenfalls der ideale Winkel für den Oberarm (Humerus) ist. Der totale Winkel zwischen Scapula und Humerus (Schulter/Oberarm) sollte zwischen 90 und 100° betragen. Bei gut zurückgelegtem Schulter- und Oberarmbereich sollte die Brustspitze einige Zentimeter vorstehen. Dies trägt zu einer optimalen Muskelentwicklung der Vorhand und kräftigen Brust bei. Bei der gut zurückgelegten Schulter ist der Nacken lang und gewölbt.

Hund A zeigt eine vollkommen ausgeglichene Vorhand. Hier kann man eine gedachte senkrechte Linie von der oberen Spitze des Schulterblatts bis zum Ellbogen ziehen.
Hund B ist zu steil in der Schulter (ca. 55°) und im Oberarm (ca. 60°), was zusammen eine Winkelung von 115° (zu offen) ergibt. Der Oberarm ist auch kürzer und nicht lang genug, zudem noch steil. Schulter und Oberarm sind nicht weit genug zurückgelegt, die Brustspitze liegt am Schulter-Oberarm-Gelenk, was zu einer falsch aufgebauten Brust führt. Auch der Hals scheint kürzer und weniger gewölbt. Man beachte die Schulterhöhe. Hund A und B sind gleich groß und im Prinzip gleich gebaut, aber durch die steile Schulter und Oberarm von Hund B ist er einige Zentimeter größer geworden!

Von vorne gesehen sollten die Vorderläufe gerade, an den Ellbogen weder nach innen noch nach außen gedreht sein. Der Brustkorb ist von richtiger Form und Tiefe (Hund A). Hund B ist aufgrund des rundlichen Brustkorbs an den Ellbogen ein wenig ausgedreht. Hund C dreht die Ellbogen aus und die Pfoten nach innen. Der Hund hat einen zu runden Brustkorb. Hund D hat zu dicht zusammenstehende Vorderläufe mit ausgedrehten Pfoten, weil der Brustkorb zu flach ist.

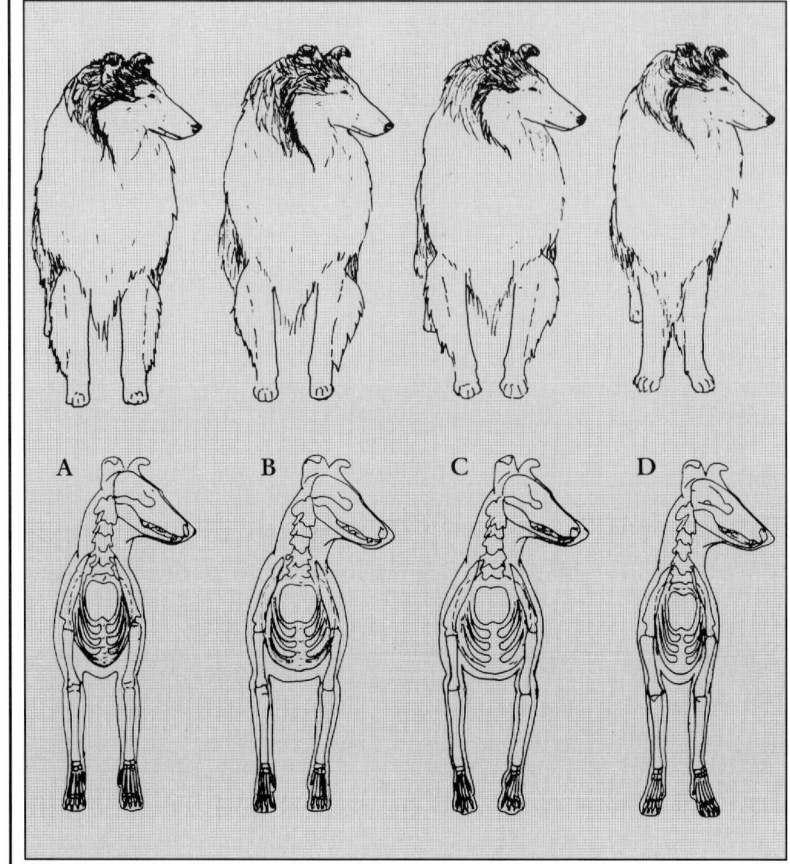

A   B   C   D

Rechts: Das Skelett

1 Oberkiefer (Maxilla)
2 Oberschädel
3 Atlas (1. Halswirbel)
4 Dreher (2. Halswirbel)
5 Halswirbel
6 Schulterblatt (Scapula)
7 Rückenwirbel
8 Lendenwirbel
9 Hüftbeinhöcker
10 Hüftbein (Ilium)
11 Kreuzbein (3 zusammengewachsene Wirbel)
12 Hüftgelenk
13 Schwanzwirbel (15 Wirbel)
14 Sprunggelenkhöcker
15 Sprunggelenk (Tarsalgelenk)
16 Hintermittelfußknochen (Metatarsalia)
17 Zehenknochen (Phalangen)
18 Schien- und Wadenbein (Tibia, Fibula)
19 Kniescheibe (Patella)
20 Oberschenkel (Femur)
21 Rippen (13 insgesamt)
22 Ellbogenhöcker (Olecranon)
23 Vorderfußwurzelgelenk
24 Vordermittelfußknochen (Metacarpalia)
25 Zehenknochen (Phalangen)
26 Elle und Speiche (Ulna, Radius)
27 Oberarm (Humerus)
28 Brustbein (Sternum)
29 Unterkiefer (Mandibula)

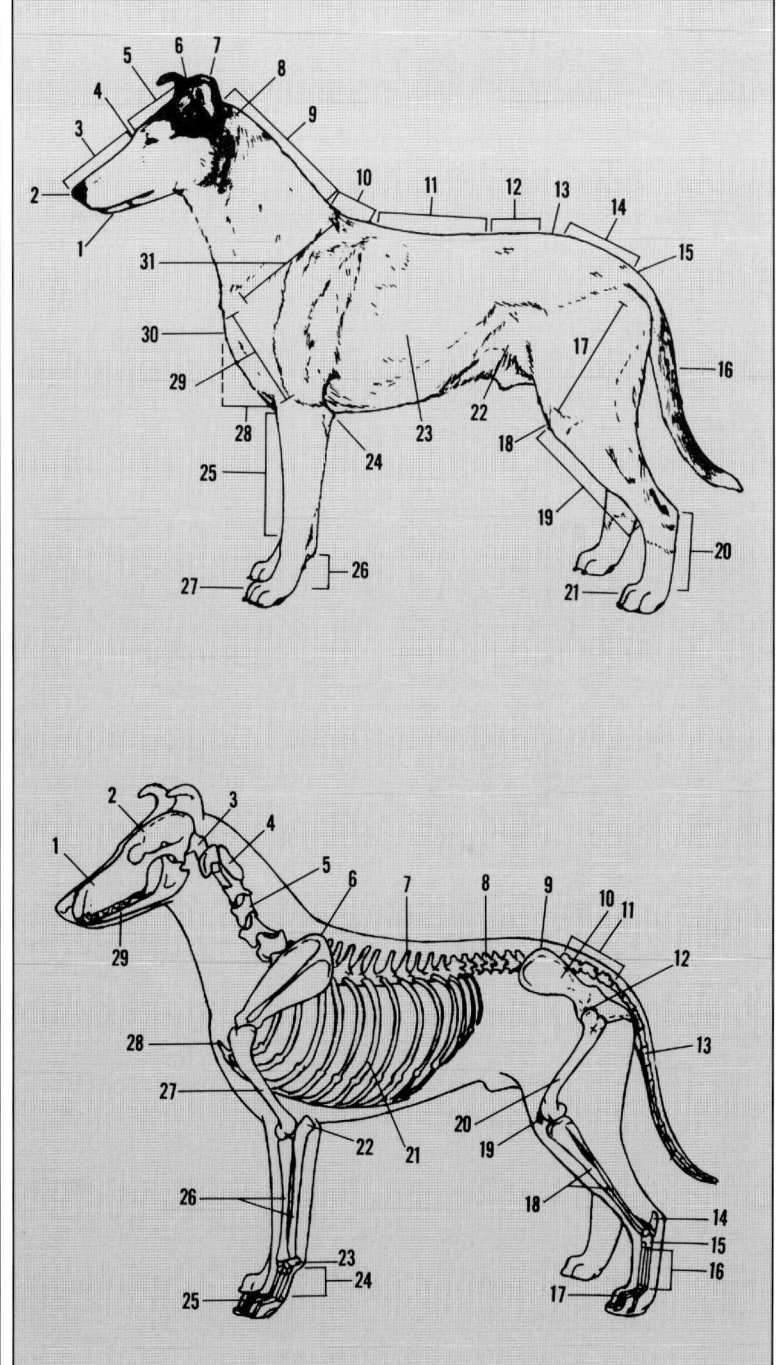

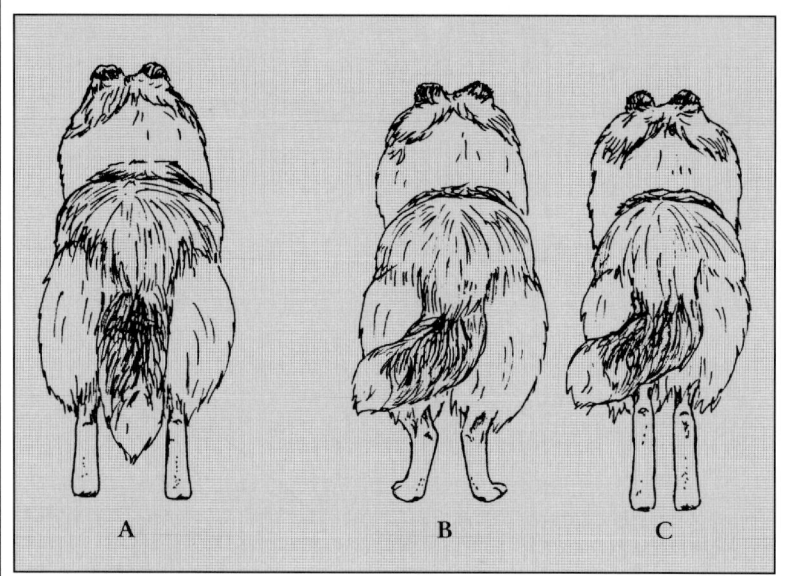

Hinterhand

Oberschenkel muskulös, trocken und sehnig unterhalb der gut gewinkelten Kniegelenke. Sprunggelenke tief stehend und kraftvoll.

Hund A ist korrekt, Hund B ist kuhhessig, d. h. die Sprunggelenke (Hocken) sind nach innen und die Pfoten nach außen gedreht. Hund C hat zu eng stehende Hinterläufe, was mit schmalen Hüftknochen zusammenhängt, und zu lange Fußknochen (Zeichnung oben).

Pfoten

Oval, mit gut gepolsterten Sohlen. Zehen an den Vorderpfoten gut, an den Hinterpfoten etwas weniger aufgeknöchelt und dicht zusammenstehend.

Rute

Lang, ihr Knochenende reicht mindestens zu den Sprunggelenken. In

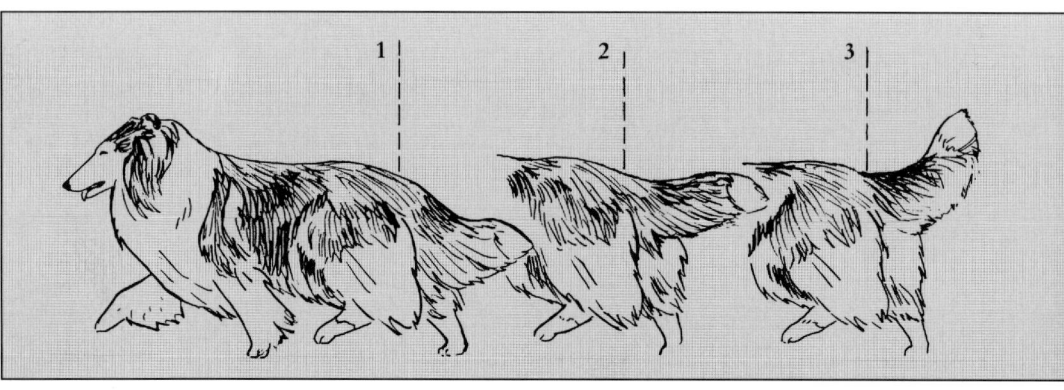

Ruhe wird sie tief mit leicht aufgebogener Spitze getragen. Bei Erregung kann sie höher, jedoch niemals über dem Rücken getragen werden.

Rutenhaltung (Abb. unten)

Der Standard sagt »nicht über dem Rücken«, jedoch nicht »nicht über der Rückenlinie«. Hierin besteht ein großer Unterschied in der Standardauslegung. Aber mit der Art von Rute, die der Collie haben sollte, und ihrem Ansatz am Rücken, wäre es unmöglich, daß sie niemals über die Rückenlinie (die Horizontale) hinweg erhoben würde. Das bedeutet, daß die Hunde 1, 2, 3, 4 alle die Rute korrekt tragen. Sie sind alle richtig angesetzt und von guter Länge. Hund 5 trägt seine Rute über dem Rücken, aber sie ist gut angesetzt, jedoch zu hoch getragen. Hund 6 hat zwar auch eine gut angesetzte Rute, trägt sie aber auf dem Rücken gerollt. Hund 7 und 8 haben zu hoch angesetzte Ruten, obgleich Nr. 7 eine geradere Rute hat; Hund 8 hat eine Ringelrute.

Gangart/Bewegung

Die Bewegung ist ein unverkennbares, charakteristisches Merkmal dieser Rasse. Ein gut gebauter Hund dreht niemals die Ellenbogen aus, dennoch kommen sich die Vorderpfoten in der Bewegung verhältnismäßig nahe. Strickendes, kreuzendes oder rollendes Gangwerk ist höchst unerwünscht. Von hinten betrachtet stehen die Hinterläufe von den Sprunggelenken zum Boden parallel, jedoch nicht zu eng zusammen. Von der Seite gesehen ist die Bewegung fließend. Hinterläufe kraftvoll, mit starkem Schub. Ein entsprechend raumgreifender Schritt ist erwünscht, dieser sollte leicht und mühelos sein.

Haarkleid

Paßt sich den Umrißlinien des Körpers an, sehr dicht. Deckhaar glatt, es fühlt sich hart an; Unterwolle weich, pelzig und sehr dicht, nahezu die Haut verbergend. Mähne und Halskrause üppig vorhanden. Maske und Gesicht glatt und kurz. Ohren an den Spitzen glatt und kurz, zum Ansatz hin zunehmend mehr Haar. Vorderläufe gut befedert, Hinterläufe oberhalb der Sprunggelenke üppig behaart; unterhalb jedoch kurz und glatthaarig. Rute sehr üppig behaart.

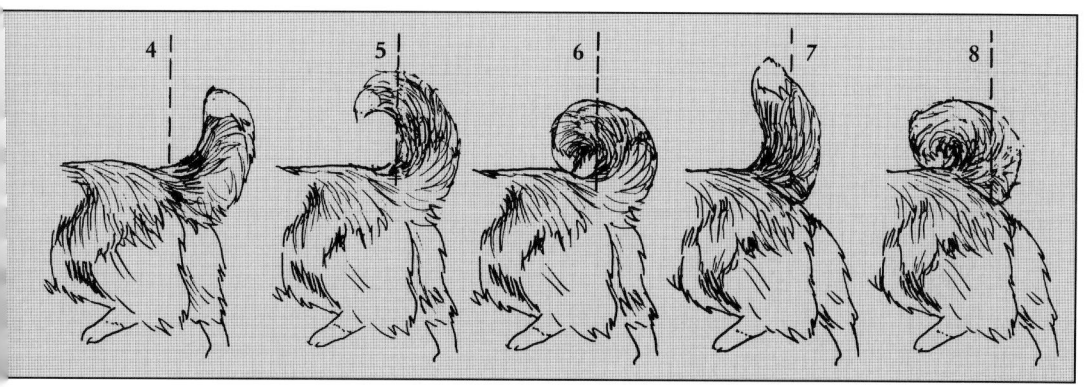

Farbe

Drei anerkannte Farben: zobelfarbenweiß, tricolour und blue-merle. **Zobelfarben:** jede Schattierung von hellem Gold bis zum satten Mahagoni oder schattiert zobelfarben. Hell stroh- oder cremefarben ist höchst unerwünscht. **Tricolour:** vorwiegend schwarz mit satten, lohfarbenen Abzeichen an Kopf und Läufen. Ein Rotschimmer im Deckhaar ist höchst unerwünscht. **Blue-merle:** vorwiegend klares, silbriges Blau mit schwarzen Flecken oder schwarzmarmorierter Zeichnung. Satte, lohfarbene Abzeichen sind erwünscht, ihr Fehlen sollte jedoch nicht bestraft werden. Große schwarze Flecken, Schieferfarbe oder ein Rostschimmer im Deckhaar als auch in der Unterwolle sind höchst unerwünscht. **Weiße Abzeichen:** alle vorgenannten Farben können die für den Collie typischen weißen Abzeichen mehr oder weniger aufweisen. Folgende Zeichnung ist vorteilhaft: ganz oder teilweise weiße Halskrause, weiße Brust, Läufe und Pfoten, weiße Rutenspitze. Auf dem Vorgesicht und/oder am Schädel darf eine Blesse vorhanden sein.

Größe

Widerristhöhe: Rüden 56 bis 61 cm, Hündinnen 51 bis 56 cm.

Fehler

Jede Abweichung von den vorgenannten Punkten sollte als Fehler angesehen werden, dessen Bewertung im genauen Verhältnis zum Grad der Abweichung stehen sollte.

Anmerkung

Rüden sollten zwei offensichtlich normal entwickelte Hoden aufweisen, die sich vollständig im Skrotum befinden.

Der Standard des Shetland Sheepdogs (Sheltie)

FCI-Nr. 88/1.1; 30. Mai 1989
Ursprungsland: Großbritannien
Übersetzung: Dres. Franz und Karin Riemann unter Mitwirkung des Schweizer Shetland Sheepdog Club und U. H. Fischer.

Allgemeines Erscheinungsbild

Kleiner, langhaariger Arbeitshund von großer Schönheit, frei von Plumpheit und Grobheit. Umrißlinie symmetrisch, so daß kein Teil unproportioniert erscheint. Das üppige Haarkleid, die üppige Mähne und Halskrause und ein schön geformter Kopf mit einem lieblichen Ausdruck verbinden sich zum idealen Erscheinungsbild.

Charakteristika

Wachsam, sanft, intelligent, kräftig und lebhaft.

Ein idealer Sheltie.

Der charakteristische Ausdruck ergibt sich durch die vollkommene Harmonie in der Verbindung von Schädel und Vorgesicht, durch Form, Farbe und Plazierung der Augen und durch die richtig angesetzten und korrekt getragenen Ohren.

Fang/Gebiß

Kiefer ebenmäßig, glatt geschnitten, kräftig, mit gut entwickeltem Unterkiefer. Lippen fest geschlossen. Zähne gesund, mit einem perfekten, regelmäßigen und vollständigen Scherengebiß, wobei die obere Schneidezahnreihe ohne Zwischenraum über die untere greift und die Zähne senkrecht im Kiefer stehen. Ein vollständiger Satz von 42 richtig plazierten Zähnen ist höchst wünschenswert.

Augen

Mittelgroß, schräg eingesetzt, mandelförmig. Dunkelbraun, außer bei den Merles, wo ein oder beide Augen blau oder blau gesprenkelt sein dürfen.

Ohren

Klein und am Ansatz mäßig breit, auf dem Schädel ziemlich eng zusammenstehend. Im Ruhestand werden sie zurückgelegt getragen; im aufmerksamen Zustand werden sie nach vorne gebracht und halb aufrecht, mit nach vorne gekippten Spitzen getragen.

Hals

Muskulös, gut gebogen, von ausreichender Länge, um eine stolze Kopfhaltung zu ermöglichen.

Wesen

Liebevoll und verständig gegenüber seinem Herrn, reserviert gegenüber Fremden, niemals nervös.

Kopf und Schädel

Kopf edel, von oben oder von der Seite gesehen wie ein langer, stumpfer Keil, der sich von den Ohren zur Nase hin verjüngt. Die Breite des Schädels steht im richtigen Verhältnis zur Länge von Schädel und Fang. Das Ganze muß in Anbetracht der Größe des Hundes bewertet werden. Schädel flach, mäßig breit zwischen den Ohren, ohne daß das Hinterhauptbein hervorragt. Wangen flach, glatt in den gut gerundeten Fang übergehend. Schädel und Fang gleich lang, Teilungspunkt ist der innere Augenwinkel. Oberlinie des Schädels verläuft parallel zur Oberlinie des Fangs, mit leichtem, aber deutlich erkennbarem Stop. Nase, Lefzen und Lidränder schwarz.

Vorhand

Schultern sehr gut zurückliegend. Am Widerrist nur durch die Wirbel getrennt, liegen die Schulterblätter dann schräg nach außen, um der gewünschten Wölbung der Rippen Platz zu bieten.

Schultergelenke gut gewinkelt.

Oberarm und Schulterblatt ungefähr gleich lang. Abstand vom Boden zu den Ellenbogen gleich dem Abstand der Ellenbogen zum Widerrist.

Vorderläufe von vorn gesehen gerade, muskulös und ebenmäßig geformt, mit kräftigen Knochen. Vordermittelfuß kräftig und geschmeidig.

Körper

Geringfügig länger vom Schultergelenk zu den Sitzbeinhöckern als die Widerristhöhe. Brust tief, bis zu den Ellenbogen herabreichend. Rippen gut gewölbt, in der unteren Hälfte schmal zusammenlaufend, um den Vorderläufen und den Schultern eine freie Bewegung zu ermöglichen. Rücken gerade, mit einer anmutigen Rundung über der Lendenpartie, Kruppe allmählich nach hinten abfallend.

Hinterhand

Schenkel breit und muskulös, Schenkelknochen im rechten Winkel im Becken eingesetzt.

Kniegelenk mit deutlicher Winkelung, Sprunggelenk gut geformt und gewinkelt, tiefstehend, mit kräftigen Knochen.

Hintermittelfuß von hinten gesehen gerade.

Pfoten

Oval, mit gut gepolsterten Sohlen, Zehen gewölbt und geschlossen.

Rute

Tief angesetzt. Die zur Spitze hin dünner werdenden Wirbelknochen reichen bis zu den Sprunggelenken; reichlich mit Haar bedeckt und mit einem leichten Aufwärtsschwung. Sie darf in der Bewegung leicht erhoben werden, aber niemals über die Rückenlinie hinaus. Auf keinen Fall geknickt.

Gangart/Bewegung

Geschmeidig, fließend und anmutig, mit Schub aus der Hinterhand, dabei größtmögliche Distanz bei geringster Anstrengung zurücklegend. Paßgang, kreuzende oder wiegende Gangart oder steife, stelzende Auf- und Abwärtsbewegung sind höchst unerwünscht.

Haarkleid

Doppelt, das äußere Deckhaar besteht aus langem, hartem und geradem Haar. Unterwolle weich, kurz und dicht. Mähne und Halskrause sehr üppig. Vorderläufe gut befedert. Hinterläufe oberhalb der Sprunggelenke stark, unterhalb ziemlich kurz/ glatt behaart. Das Gesicht kurz-/ glatthaarig. Kurzhaarige Exemplare sind höchst unerwünscht.

Farbe

Zobelfarben: Reinfarben oder in Schattierungen von hellem Gold bis zum satten Mahagoni, wobei die Schattierung kräftig getönt sein soll. Wolfsfarbe und Grau sind unerwünscht.

Tricolour: Tiefschwarz am Körper, vorzugsweise mit satten, lohfarbenen Abzeichen.

Blue merle: Klares, silbriges Blau, mit schwarzer Sprenkelung und Marmorierung. Satte, lohfarbene Abzeichen werden bevorzugt, ihr Fehlen wird nicht bestraft. Große schwarze Flächen, schiefergrauer oder rostfarbener Anflug, sowohl im Deckhaar wie auch in der Unterwolle, sind höchst unerwünscht. Der Gesamteindruck muß von Blau geprägt sein.

Schwarz-weiß und Schwarz mit Loh sind ebenfalls anerkannte Farben.

Weiße Abzeichen dürfen (außer bei Schwarz mit Loh) als Blesse, am Halskragen, an der Brust, an den Läufen und an der Spitze der Rute vorhanden sein. Das Vorhandensein all dieser oder einiger dieser weißen Abzeichen soll bevorzugt werden (außer bei Schwarz mit Loh); das Fehlen dieser Abzeichen soll nicht bestraft werden.

Weiße Flecken am Körper sind höchst unerwünscht.

Größe

Ideale Widerristhöhe: Rüden 37 cm, Hündinnen 35,5 cm. Eine Abweichung um mehr als 2,5 cm über oder unter diesen Maßen ist höchst unerwünscht.

Fehler

Jede Abweichung von den vorgenannten Punkten sollte als Fehler angesehen werden, dessen Bewertung im genauen Verhältnis zum Grad der Abweichung stehen sollte.

Anmerkung

Rüden sollten zwei offensichtlich normal entwickelte Hoden aufweisen, die sich vollständig im Skrotum befinden.

Standard-Unterschiede zwischen Collie und Sheltie

Im Unterschied zu anderen Rassen, bei denen die »Zwerge« identische Miniaturausgaben der größeren Vorbilder sind (z. B. Pudel und Dackel), verkörpern Collie und Sheltie zwei völlig unterschiedliche Rassen. Beide haben ihre eigene Historie, wobei im Falle des Shelties Collieeinkreuzungen nicht zu leugnen sind. Bedingt dadurch ergeben sich sowohl Besonderheiten als auch Gemeinsamkeiten. Für Laien, aber auch für die Kenner der jeweiligen Rasse ist es nicht einfach, die Unterschiede zu erkennen und in Worte zu fassen. Auf den ersten flüchtigen Blick wirken die Standardinhalte sinngemäß fast gleich – doch eben nur fast.

Der Kopf von Collie und Sheltie im Vergleich: Oben die Ausprägung des Stops (vorn Sheltie, hinten Collie); unten die Plazierung der Augen und der Ansatz der Ohren beim Sheltie (die linken gestrichelten Linien deuten die Plazierung beim Collie an).

Wesen: Beide Rassen dürfen auf gar keinen Fall nervös oder aggressiv sein, doch der Sheltie sollte sich Fremden gegenüber reserviert zeigen. Colliezüchter, die auch den kleineren Verwandten richten, oder Allgemeinrichter haben im Ring manchmal Probleme, dies zu akzeptieren.

Obwohl im Sheltiestandard der **Kopf** als *»von oben oder von der Seite gesehen wie ein langer, stumpfer Keil«* beschrieben wird, und der Collie einen *»gut abgestumpften, sauber geschnittenen Keil«* haben soll, ist es doch der Colliekopf, den Sheltiekenner als länger und schmaler empfin-

den (siehe auch Ausführungen »Ohren«). Ein zu langer, feiner Kopf beim Sheltie erscheint ihnen zu colliehaft. *»Mit leichtem, aber deutlich erkennbarem Stop«* (Sheltie) zu einem *»leichten, jedoch wahrnehmbaren Stop«* (Collie) erklärt sich, warum der Sheltie ein klein wenig mehr Stop als sein großer Verwandter haben sollte (siehe Abbildung oben).

Die Collie-**Augen** sind *»etwas schräg«*, die des Sheltie *»schräg eingesetzt«*, so daß der Grad des Einsatzwinkels erst beim Vergleich deutlicher wird (siehe Abbildung unten).

Den deutlichsten Kopfunterschied findet man im Abschnitt **Ohren:** Während die des Shelties *»klein und am Ansatz mäßig breit, auf dem Schädel ziemlich eng zusammenstehend«* sein sollen, müssen sie beim Collie *»klein«*, aber *»weder zu nahe beieinander auf dem Schädel, noch zu weit voneinander abgesetzt«* sein. Die etwas dichter (nicht etwa sich fast berührend) plazierten, am Ansatz breiteren Ohren lassen den Sheltiekopf kürzer erscheinen.

Der Sheltie erhält durch diese Besonderheiten einen lieblichen, aufmerksamen, sanften und intelligenten Ausdruck, der den charakteristischen Charme der Rasse widerspiegelt.

Vorhand: Details über die Elastizität des Vordermittelfußes fehlen im Colliestandard. Eventuell wirken Shelties beim Betrachten des Gangwerks von der Seite daher etwas flexibler und länger in den Fesseln.

Einen weiteren, wesentlichen Unterschied findet man im Abschnitt **Körper:** Ein Sheltie muß eine *»anmutige Rundung über der Lendenpartie«* mit einer *»allmählich nach hinten abfallenden Kruppe«* haben. Für den Collie ist dies ein schwerer Fehler. Er

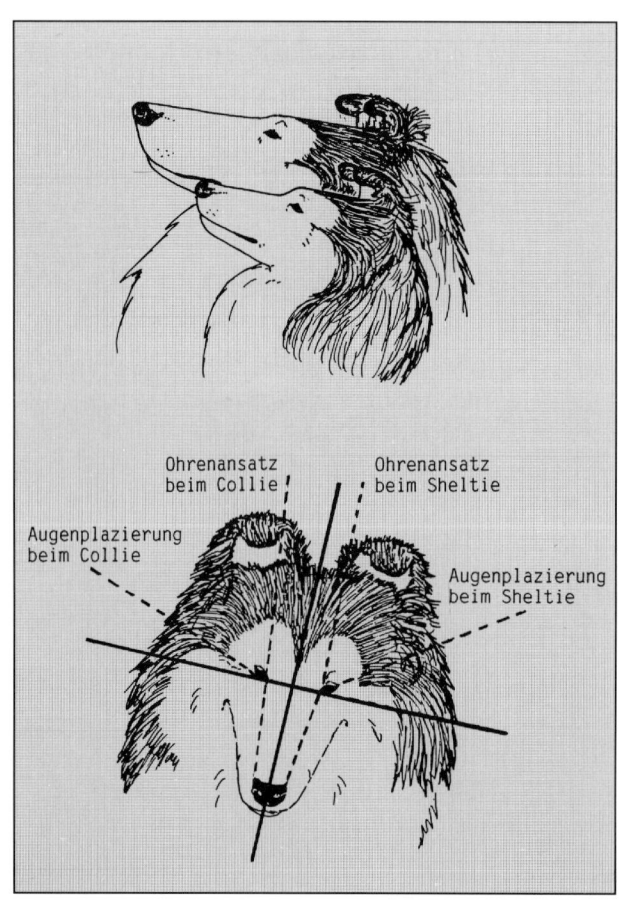

Ohrenansatz beim Collie

Ohrenansatz beim Sheltie

Augenplazierung beim Collie

Augenplazierung beim Sheltie

muß über eine »*leichte Wölbung über der Lendenpartie*« verfügen, was ihm im Gegensatz zum fließenden, eleganten Äußeren des Shelties einen breiteren, kräftigeren Eindruck verleiht.

Farbe: »*Schwarz–weiß*« (Black and White) und »*Schwarz mit Loh*« (Black and Tan) sieht der Colliestandard nicht vor. »*Hell stroh- oder cremefarbene*« Collies und »*Wolfsable und Grau*« beim Sheltie sind unerwünscht.

Obwohl zwischen den beiden am dichtesten beieinander liegenden Größenangaben in den Standardtexten (51 cm für Colliehündinnen und 39,5 cm für Sheltierüden) nur 11,5 cm liegen, ist die **Größe** selbstverständlich der auffälligste Unterschied zwischen den beiden Rassen, der aber niemals dazu führen darf, daß Collies zu sheltiehaft werden und umgekehrt Shelties wie kleine Collies aussehen!

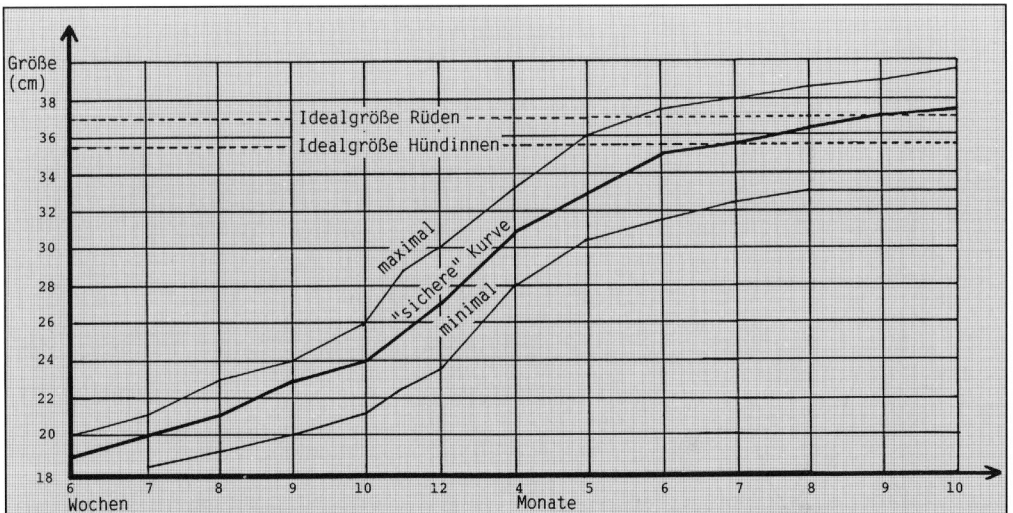

Die Sheltiegröße ist trotz ständiger Bemühungen von seiten der Züchter immer noch schwer zu kontrollieren und vorherzubestimmen. In einem Wurf können sowohl »Riesen« (fast wie kleine Collies) und »Zwerge« (ähneln oftmals kleinen Spitzen) vorkommen. Shelties, die sich fortlaufend entlang der »sicheren« Wachstumskurve entwickeln, müßten im Standardmaß bleiben. Aber die Endgröße eines Shelties hängt maßgeblich davon ab, mit welchem Alter er sein Wachstum beendet. Gerade die kleineren Hündinnen bleiben mit 6–7 Monaten im Wachstum stehen, während andere (meist die großen, kräftigen Rüden) mit 12 Monaten noch einen Zentimeter in die Höhe »schießen« können, um eventuell erst mit 18 Monaten ausgewachsen zu sein. Unterschiedliche Linien und Familien können sich nicht nur im Typ, sondern auch in der Größe verschieden entwickeln. Daher sind die dargestellten Kurven nur als nützliche Richtlinie zu verstehen. Neben der aktuellen Junghundgröße weisen auch noch andere körperliche Anzeichen (Gewicht, Knochen-, Pfotenstärke und Wachstums»knoten« an den vorderen Sprunggelenken) darauf hin, ob ein Sheltie zu groß wird oder eher klein bleibt.

KAPITEL

6

Farbenspiele

*Früher war eine auffäl-
lige Blesse typisch für
den Collie, inzwischen
hat man sie beinahe
weggezüchtet.*

Die Fellfarbe des alten Hütehundes war meist schwarz oder schwarzgrau (blue merle) marmoriert, mit weißen Abzeichen und/oder lohfarbenem Brand (wie beim Rottweiler). Erst mit der Ausstellungslaufbahn des Collies schenkte man attraktiven Fellfarben mehr Beachtung, und zobelfarben (sable) wurde zum Modemenner. Tiefschwarze Tricolours mit feuerroten Abzeichen (tan), herbstlaubfarbene oder leuchtend goldrote Sables und silbrig-blaue Blue merles, alle mit den typischen weißen Abzeichen, waren gefragt.

Später spielte die Farbzucht laut Standard keine Rolle mehr, so daß häufig verwaschene Sables oder rostrote Tricolours mit fahlem Brand auf-

traten. Daraufhin definierte man die Farben im Standard wieder genauer.

Ein besonders eigenwilliger Farbschlag ist das **Blue merle.** Wissenschaftler streiten sich darum, ob der Merlefaktor im gemischterbigen Zustand Nachteile für den Hund bringt. Halter von blue merle Collies und Shelties schwören darauf, daß ihre Hunde genauso gesund sind wie alle anderen auch. Manche sagen sogar, sie seien im Wesen robuster. Jedenfalls sind uns keine gesundheitlichen Mängel bei blue merle Hunden bekannt, die auf die Färbung zurückzuführen wären.

Tatsache ist, daß der Farmer auch heute noch den blue merle Hütehund (er kommt übrigens auch bei kontinentalen und altdeutschen Schäferhundrassen vor) wegen besonderer Leistungsfähigkeit vorzieht.

Zu Beginn der Colliezucht wurden die ursprünglichen Fellfarben des alten Hütehundes ausgemerzt, denn wer wollte schon einen »gewöhnlichen« Bauernhund haben? Black and Tan (schwarzmarkenfarbig) und schwarz-weiß starben auf diese Weise beim Collie aus, doch in letzter Minute erinnerten sich Züchter des blue merle Farbschlages und widmeten sich seiner Erhaltung.

Blue merle beruht auf einem sogenannten Verdünnungsfaktor im Erbgut, der verursacht, daß stellenweise die schwarzen Pigmente (Farbkörnchen) im Haar des Tricolour »verdünnt« werden und das Haar grau erscheint. Der Blue merle ist im Grunde ein Tricolour. Die Farbverdünnung der Pigmente in rostbraunem Haar kann nie zu einem leuchtend silbrigblauen Haar führen, sondern nur ein schmutziges Grau ergeben, das bei blue merle Collies und Shelties höchst unerwünscht ist.

Paart man zwei blue merle Tiere, so verdoppelt sich dieser Verdünnungsfaktor bei einigen Welpen, so daß fast oder vollkommen weiße Tiere geboren werden. In der Entwicklung des Embryos beeinträchtigt der doppelte Verdünnungsfaktor die Ausbildung von Gehör und Augen. Diese Welpen sind meist blind oder taub oder gar beides. Deshalb ist die Paarung zweier blue merle Tiere nicht erlaubt. Solche Weißlinge kommen bei der Verbindung tricolour mit blue merle nicht vor.

Blue merle Welpen sollten kleine, scharf abgegrenzte schwarze Flecken aufweisen und die Grundfarbe sollte von hellem Silbergrau sein. Schmut-

ziggrau kann aufhellen, muß es aber nicht. Manche Blue merles dunkeln im Alter nach. Die Fleckung verändert sich nicht.

Colliekreuzungen sind verantwortlich für den Einzug des auf den Shetland-Inseln unbekannten blue merle Farbschlages bei den Shelties (einheitlich graue oder blaue Hunde gab es vereinzelt). Erst Mitte der 20er Jahre wurde der erste Blue merle, *Blue Ray of Houghton Hill*, ausgestellt und in das »English Shetland Sheepdog Club Stud Book« eingetragen.

Sable merle entsteht, wenn man einen blue merle mit einem sable Collie verpaart. Diese Möglichkeit ist nach den Zuchtbestimmungen des Deutschen Collie Clubs, nicht aber des Clubs für Britische Hütehunde erlaubt. Mit Sachkenntnis durchgeführt, ist nichts gegen diese Verpaarung einzuwenden. Jedoch kann sich der Merlefaktor unerkannt verbreiten, da man ihn zwar noch bei neugeborenen sable merle Welpen als eine Art Marmorierung im Fell sehen kann, aber nur selten beim erwachsenen Hund.

Da sich die Merlung auch auf die Pigmentierung der Augen erstreckt, haben Merles oft ein oder zwei blaue oder marmorierte Augen. Beim Blue merle ist das in Ordnung, der Standard eines Sable verlangt aber braune Augen, und der Sable merle wird im Standard nicht erwähnt. Was also tun mit einem blauäugigen Sable? Die Nachteile rechtfertigen die Paarung blue merle mit sable nur in Ausnahmefällen, die aber bei der heutigen breiten Zuchtbasis kaum gegeben sind. Selten kommen ein oder zwei blaue Augen auch bei Nicht-merles vor, die unabhängig vom Merlefaktor vererbt werden.

Tricolour: Bei tricolour Welpen kann man die Farbintensität des Schwarz und des Brandes schon gut erkennen. Da ein tricolour Collie oder Sheltie nur die Erbanlagen für Tricolour tragen kann, spielt es keine Rolle, ob seine Eltern blue merle oder zobelfarben sind. Wesentlich ist nur, daß sein schwarzes Fell niemals bräunlich (der sog. Rostfaktor wird vererbt) schimmert. Die Unterwolle darf grau sein.

Zobelweiß: Bei gelb-weißen Welpen ist nur schwer vorauszusagen, wie sie einmal erwachsen aussehen werden, denn mit jedem Haarwechsel verändert sich die Färbung und wird intensiver.

Oft sind schmutzig-graubraune Welpen später die schönsten Darksables (mahagonifarben mit schwarzen Haarspitzen). Auch versprechen Welpen mit einer ausgeprägten Maske und langen, hervorstehenden schwarzen Grannenhaaren dunkel-schattiertes Deckhaar zu bekommen, selbst wenn im Junghundalter das Fell vorübergehend cremefarben wird. Helle Welpen ohne schwarze Haare bekommen, je nach Intensität, ein hellblondes oder intensiv goldrotes Fell.

Weiße Collies haben ebenfalls eine alte Tradition, sind aber offiziell nur in den USA und Kanada anerkannt. Schon QUEEN VICTORIA besaß einen Weißen, später lebten weiße Collies im Weißen Haus in Washington in der Familie des Präsidenten COOLIDGE. In England wurden sie schon sehr früh aus dem Standard verbannt, weil man die Einkreuzung fremder Rassen befürchtete. Die Zucht reinweißer Collies ist mühsam, da ein großer Anteil der Hunde gescheckt ist und nur wenige die erwünschte rein-weiße Fellfarbe haben. Einige »clevere« Züchter kreuzten damals Samojeden ein, um schneller einen höheren Prozentsatz an reinweißen Tieren zu bekommen. In den USA erlaubte man den weißen Collie im Standard, verlangte aber einen farbigen Kopf und erlaubte kleine farbige Flecken am Rutenansatz, damit keine Albinos oder Weißlinge einbezogen werden konnten und die Einkreuzung fremder Rassen keinen Nutzen mehr brachte. Weißfaktorierte Collies sind Träger des Erbfaktors für weiß. Man erkennt sie meist an extrem ausgeprägten weißen Abzeichen, wie weißem Bauch und weißen Streifen an den Schenkeln. Beim europäischen Collie ist der Weißfaktor so gut wie ausgestorben; Schecken oder mit kleinen weißen Flecken gezeichnete Tiere sind mir in den letzten 20 Jahren nicht bekannt geworden.

Int., Dt., VDH-, Niederl. Ch. Mossmill Magpie from Valjon, geboren 1985, ist der erste schwarz-weiße Champion-Sheltie in Deutschland.

Beim Sheltie ist der Weißfaktor hingegen noch häufiger vertreten, Weißschecken kommen gelegentlich vor, jedoch sind weiße Shelties in keinem Standard der Welt erlaubt. Weiße Collies können in den FCI-anerkannten Ländern nicht zur Zucht zugelassen werden, da dort nach dem englischen Standard gezüchtet wird.

Im Standard sind die erwünschten Farben genau beschrieben. Nach der Standardfassung von 1988 übersetzt man sable mit zobelfarben, während man es bis dahin als gelb-weiß bezeichnete. Das englische Wort »sable« wird jedoch auch im deutschen Sprachgebrauch benutzt.

Bicolour: Viele der frühen Shelties waren schwarz-braun (»Black and Tan«, schwarz mit lohfarbenen Abzeichen) oder schwarz-weiß (»Black and White«, schwarz mit weißen Abzeichen); leider ist Black and Tan inzwischen ausgestorben.

Die Black and Whites, die genau wie die Blue merles ohne Tan (ohne lohfarbene Abzeichen) unter den Oberbegriff Bicolour fallen, haben in den letzten Jahren zahlenmäßig stark zugenommen. In den Vereinigten Staaten erreichten schon eine ganze Anzahl Bicolours ihren Champion-Titel, in Großbritannien gibt es einige mit CCs, und in Deutschland konnte ein schwarz-weißer Importrüde schnell mehrere Championtitel erringen und diesen faszinierenden Farbschlag bekannt machen. Bicolour wird rezessiv zu allen anderen Sheltiefarben vererbt.

Die **Farbvererbungstafel** gibt Aufschluß über die Vererbungsweise (vereinfacht dargestellt). Sie berücksichtigt nicht die Vererbung der weißen Abzeichen wie Halskrause, Blesse etc. oder die Intensität des Tan, da diese unabhängig von der Fellfarbe vererbt werden.

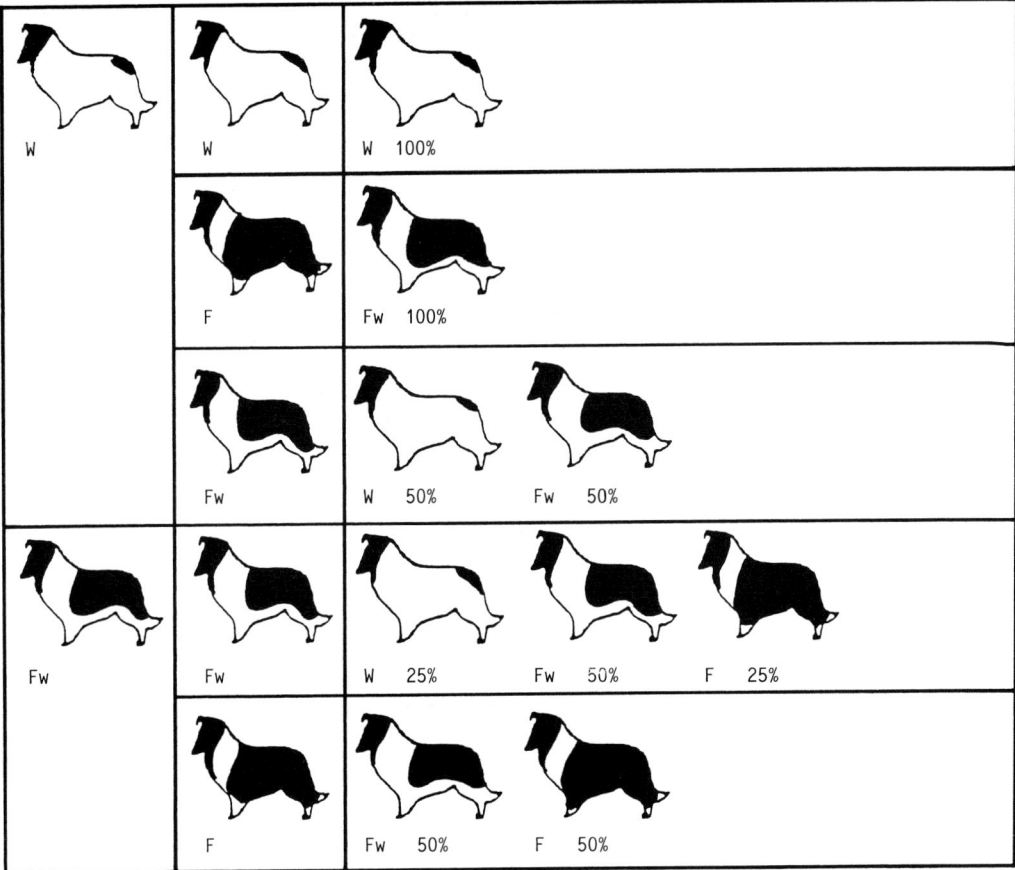

Ganz links ist jeweils das eine Elterntier gezeichnet, daneben das andere Elterntier. Rechts davon sind die möglichen Farbkombinationen, die die aus dieser Paarung hervorgehenden Welpen haben werden, aufgeführt. Die prozentuale Aufteilung bezieht sich allerdings auf eine große Anzahl von Welpen, etwa 100, und kann nicht in einem einzelnen Wurf vorausgesetzt werden.

Farbvererbungstafeln

S	=	Sable (dominant)
t	=	Tricolour (rezessiv)
M	=	Merlefaktor (Verdünnung; unvollständig dominant)
SS	=	reinerbig Sable (Erscheinungsbild zobel-weiß)
St	=	mischerbig Sable (Erscheinungsbild zobel-weiß, mit einer Erbanlage für Tricolour)
tt	=	reinerbig Tricolour (Erscheinungsbild Tricolour, zwei Erbanlagen für Tricolour)
ttM	=	Blue merle
tMtM	=	reinerbig merle (Erscheinungsbild Weißtiger)
StM	=	mischerbig Sable merle (Erscheinungsbild zobelfarben)
SSM	=	reinerbig Sable merle (Erscheinungsbild zobelfarben)
StMM	=	mischerbig Sable, reinerbig merle (Erscheinungsbild Weißtiger)
SSMM	=	reinerbig Sable, reinerbig merle (Erscheinungsbild Weißtiger)
w	=	Weiß (rezessiv)
Fw	=	Farbig weißfaktoriert (Erbanlagen für Weiß vorhanden, mehr oder weniger sichtbar beim normal gezeichneten Hund)
F	=	Farbig (dominant)

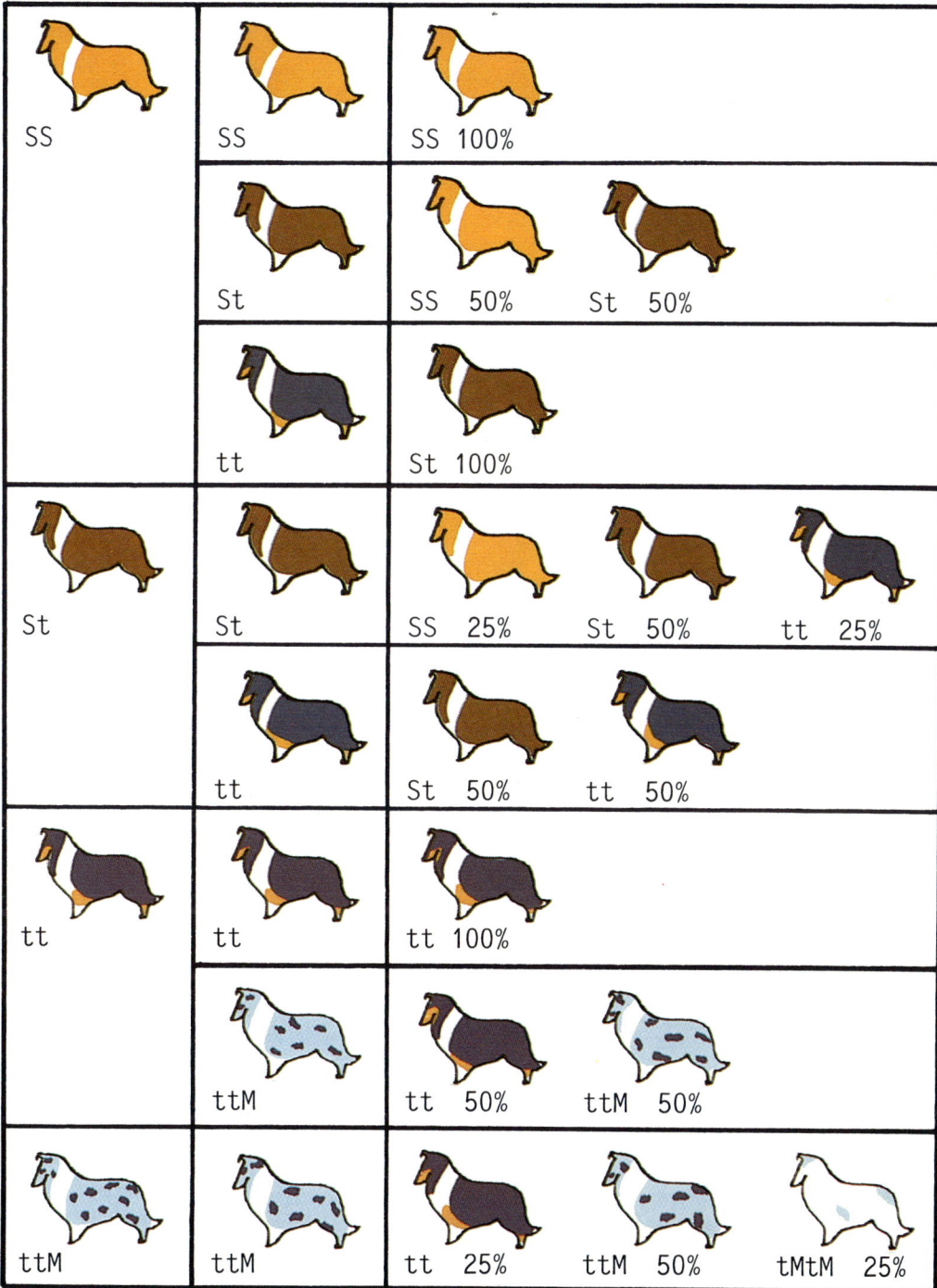

	SS	SS 100%		
SS	St	SS 50%	St 50%	
	tt	St 100%		
St	St	SS 25%	St 50%	tt 25%
	tt	St 50%	tt 50%	
tt	tt	tt 100%		
	ttM	tt 50%	ttM 50%	
ttM	ttM	tt 25%	ttM 50%	tMtM 25%

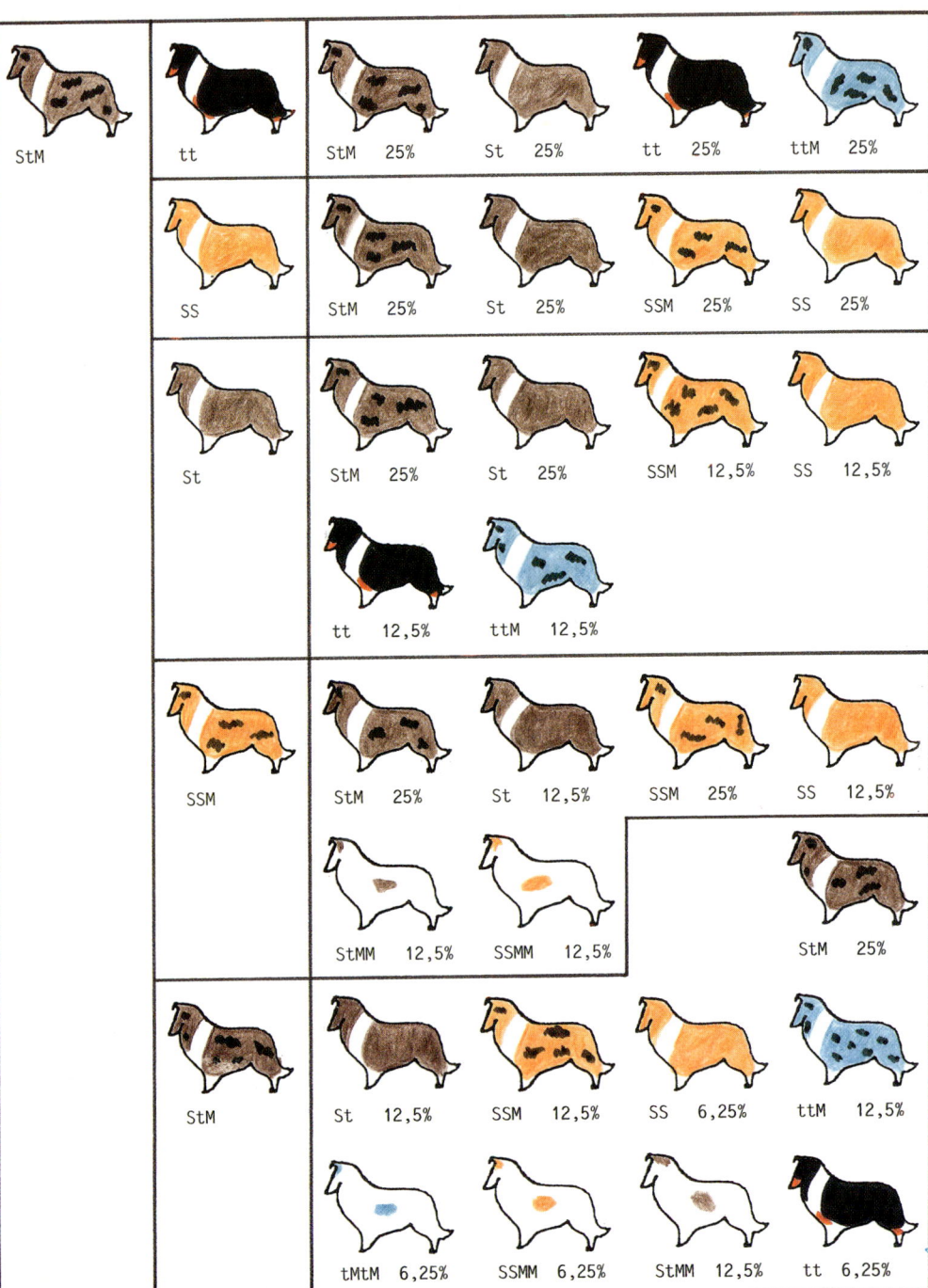

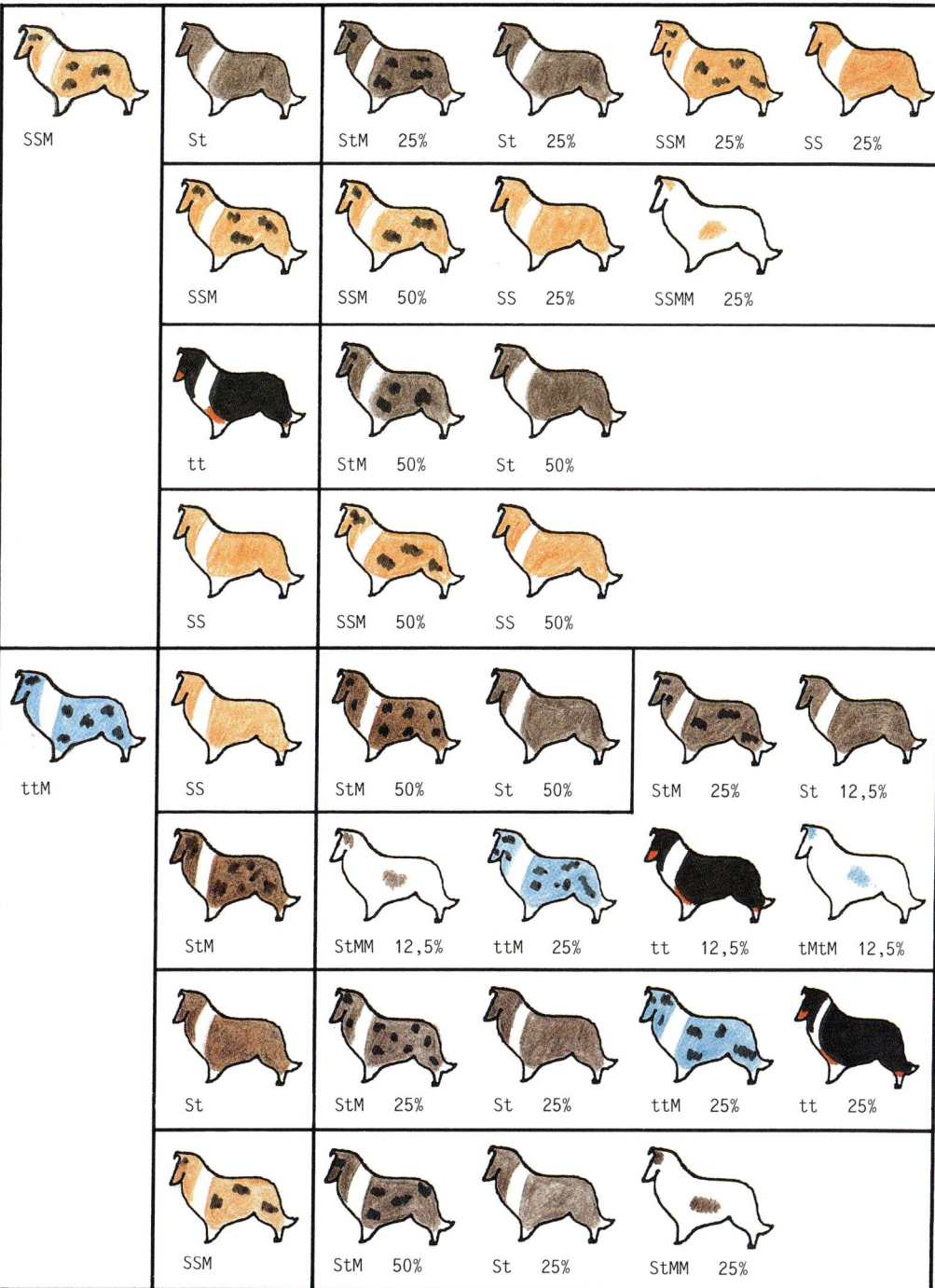

SSM	St	StM 25%	St 25%	SSM 25%	SS 25%
	SSM	SSM 50%	SS 25%	SSMM 25%	
	tt	StM 50%	St 50%		
	SS	SSM 50%	SS 50%		
ttM	SS	StM 50%	St 50%	StM 25%	St 12,5%
	StM	StMM 12,5%	ttM 25%	tt 12,5%	tMtM 12,5%
	St	StM 25%	St 25%	ttM 25%	tt 25%
	SSM	StM 50%	St 25%	StMM 25%	

Ohrenprobleme

Ein typisches Rassemerkmal ist das Kippohr, bei dem beim Collie das oberste Drittel, beim Sheltie die Hälfte nach vorne überkippt. Das Kippohr ist eine natürliche Ohrform, die bei vielen Hütehundrassen vorkommt und bereits auf den ersten Darstellungen schottischer Schäferhunde zu sehen ist.

Beim acht Wochen alten Welpen fallen die Ohren meist noch ins Gesicht. Während des Zahnwechsels zwischen dem vierten und sechsten Monat stehen die Ohren auf und kommen manchmal zum Stehen.

Sieht Ihr Collie oder Sheltie also aus wie ein kleiner Fuchs, müssen Sie selbst Hand anlegen. Sie kaufen in der Apotheke Enelbin-Paste® und lassen sie an der Luft antrocknen; danach kann man sie in etwa erbsengroße Kügelchen formen und in die obere Ohrenspitze geben. Darauf »kleben« Sie ein kleines Stückchen Zeitungspapier, damit die Paste nichts verschmutzt.

Die Paste läßt sich wieder auswaschen und spurlos entfernen. Da sie aber auch vom Regen weggespült wird, müssen Sie die Prozedur öfter wiederholen. Hören Sie mit der Beschwerung erst auf, wenn nach Auslösen der Paste das Ohr allmählich von selbst kippt.

Bei leichter Neigung zum Stehen genügt es, Glyzerin auf die äußere Ohrspitze zu tupfen. Enelbin und Glyzerin halten das Ohr geschmeidig und geben ihm etwas Gewicht. Gewicht allein, z.B. Kaugummi in den Ohrenspitzen, trainiert die Muskulatur der Ohren; fällt er heraus, stehen die Ohren erst recht steif auf. Außerdem reißt man beim Entfernen des Kaugummis zu viele Haare aus, die das Ohr beschweren, was dann ebenso zum Stehen beiträgt.

Gelegentlich kommen zu tief getragene Ohren – sogenannte schwere Ohren – vor. Wenn Ihr Hund mit sechs Monaten die Ohren noch nicht einmal bis zur Hälfte anhebt, sollten Sie sich vom Züchter beraten lassen. Meist genügt es schon, das feine üppige Haar auf dem Ohr und am Ohrenansatz zu lichten. Die Behandlung der schweren Ohren muß individuell abgestimmt werden, daher hat es wenig Sinn, hier Ratschläge zu erteilen. Verlassen Sie sich auf die Erfahrung des Züchters oder eines Fachmannes aus dem Zuchtverein.

Beide Male kostet es Geduld, bis der Hund seine korrekte Ohrenhaltung bekommt. Ein Hund mit Stehoder Hängeohren ist für Zucht und Ausstellung so gut wie ausgeschlossen, besonders im Falle eines Rüden, der nicht zur Zucht zugelassen wird, wenn auch nur ein Ohr steht.

Überlegungen vor der Anschaffung

Die Anschaffung eines Collies oder Shelties ist der Beginn einer langjährigen Freundschaft, die nicht nur Annehmlichkeiten, sondern auch Verpflichtungen mit sich bringt. Hundehaltung hat nicht nur Sonnenseiten, wie bei schönem Wetter mit einem gehorsamen, von Passanten bewunderten Hund spazierenzugehen, einen verständnisvollen Kameraden um sich zu haben, wann immer man dies wünscht.

Hundehaltung bedeutet, sich auf die Bedürfnisse des Vierbeiners einzustellen, um ihm ein möglichst hundegerechtes Leben zu bieten, denn nur dann wird er gesund und glücklich sein – und nur an einem gesunden und glücklichen Hund werden Sie Freude haben!

Dazu gehören eine gute Erziehung, die Sorge für die richtige Ernährung und Unterbringung. Ein Hund kann einmal krank werden und der Pflege bedürfen. Umgekehrt kann es Gelegenheiten im Leben geben, in denen man sich vorübergehend von seinem Hund trennen muß – z. B. bei einem Krankenhausaufenthalt. Wohin mit dem Hund? Möchten Sie auf Reisen in ferne Länder verzichten und Ihre Ferien dort verbringen, wo sich auch Ihr Hund wohlfühlen kann? Sind Sie Hausbesitzer, ist Ihr Grundstück fest eingezäunt?

Sind Sie bereit, die Kosten zu tragen, die eine hundegerechte Ernährung, Tierarzthonorare, Steuer, Versicherung, Zubehör wie Näpfe, Leinen, Hundebett, Bürsten etc. verursachen? Und möchten Sie wirklich tagaus, tagein, Jahr für Jahr mit Ihrem Hund morgens, mittags und abends Gassi gehen und zusätzlich ausgedehnte Spaziergänge unternehmen?

Macht es Ihnen wirklich nichts aus, düstere Wintermonate lang täglich in Matsch, Kälte und Regen mit Ihrem Collie oder Sheltie zu wandern? Sehen Sie auch die Schattenseiten des wunderschönen Haarkleides? Es ist zwar pflegeleicht und verfilzt nicht so schnell, sollte auch nicht täglich gebürstet werden, doch jeder langhaarige Hund bringt von draußen Schmutz in die Wohnung und verliert, wenigstens zur Zeit des Haarwechsels, büschelweise Fell. Hundehaare auf Kleidern, Möbeln und Teppichen sind nicht jedermanns Sache. Bedenken Sie aber bitte, daß lange Haare sehr viel leichter mit einem feuchten Schwamm oder Leder von Stoffen und mit dem Staubsauger von Teppichen zu entfernen sind als kurze, die sich in die Textilien hineinbohren und mühsam einzeln mit den Fingern abgeklaubt werden müssen. Für eine Hausfrau, der die Ordnung und Sauberkeit ihrer Wohnung über alles geht, bedeutet ein Hund eine ungeheure Mehrbelastung.

In vielen Fällen wünschen sich die Kinder einen Lassiehund. Doch gerade sie verlieren rasch das Interesse, und die Obhut des Hundes obliegt zwangsläufig der Hausfrau, die ihn den ganzen Tag um sich hat. Deshalb ist es unerläßlich, daß ein »Familienrat« einberufen wird und alle Für und Wider der Hundehaltung in die Waagschale geworfen werden. Wenn sich alle Familienmitglieder bewußt sind, daß der Hund das gewohnte Familienleben ordentlich umkrempeln wird und jeder bereit ist, sein Scherflein dazu beizutragen, daß der neue Hausgenosse nicht zur Last wird, dann können Sie sich auf die Suche nach Ihrem Hund machen. Klären Sie aber vorher, ob Vermieter und Mitbewohner des Hauses gegen das neue Mitglied der Hausgemeinschaft nichts einzuwenden haben.

Rüde oder Hündin?

Eine Hündin wird zweimal im Jahr läufig oder heiß, das erste Mal zwischen dem 6. und 12. Lebensmonat. Die Hitze dauert drei Wochen. Aus der Scheide tritt blutiger Ausfluß, und die Hündin leckt sich häufig in der Schamgegend. Etwa um den 11. bis 14. Tag der Läufigkeit ist sie deckbereit. In den gesamten drei Wochen müssen Sie die Hündin von Rüden fernhalten, um eine unerwünschte Paarung zu vermeiden, da man nie sicher ist, wann die Hündin nun tatsächlich einen Rüden heranläßt.

In Zoofachgeschäften gibt es Höschen in allen Größen, die ein Verschmutzen der Wohnung verhindern, doch sind Collie- und Sheltiehündinnen meist so sauber, daß man Mühe hat, den Beginn der Hitze überhaupt zu erkennen. Mit Sprays und Chlorophylltabletten kann man den für uns nicht wahrnehmbaren, jedoch für Rüden so verlockenden Duft in der Umgebung unterdrücken – nicht immer mit Erfolg. Hormonspritzen können die Hitze unterbinden oder einen ungewollten Deckakt ungeschehen machen. Solch schwerwiegende Eingriffe in den Hormonhaushalt sollte man der Hündin aber nur im absoluten Notfall zumuten, da Gebärmuttererkrankungen oft die Folge sind. Ich möchte diese Möglichkeit daher nicht empfehlen.

Allmählich setzt sich auch bei uns das in den USA zur Selbstverständlichkeit gewordene Sterilisieren oder Kastrieren einer Hündin durch, wenn man sie nicht zur Zucht verwenden will. Im übrigen ist die Belästigung durch fremde Rüden recht selten geworden, da kaum noch Hunde frei streunen.

Hündinnen sind im allgemeinen leichter zu erziehen, umgänglicher und weniger rauflustig als Rüden, und Hündinnen wechseln hormonbedingt vier Monate nach jeder Hitze ihr Fell. Nach einem Wurf werfen sie ihr langes Haar samt Unterwolle ab, das nach einigen Monaten um so schöner nachwächst.

Rüden sind von Natur aus kräftiger und üppiger behaart. Sie verlieren ihr Fell nach etwa einem Jahr und erreichen im 3. und 4. Lebensjahr ihre volle Haarpracht, die sie danach nur noch geringfügig gelegentlich wechseln. Rüden sind meist selbständiger, gegenüber fremden Rüden aggressiver und interessieren sich leidenschaftlich für alle Hündinnen, obwohl Collie- und Sheltierüden weniger triebhaft sind als Rüden anderer Rassen. Wird die Versuchung zu groß, kann es auch mal passieren, daß sie Anhänglichkeit und Gehorsam vergessen, denn Rüden sind das ganze Jahr über deckbereit.

Viele mögen keine Rüden wegen des lästigen Beinhebens. Er markiert sein Revier, was zu einer unschönen Gewohnheit ausarten kann. Es schadet dem Hund nicht, ihm das bei Spaziergängen an der Leine zu verbieten.

Beide Geschlechter haben Vor- und Nachteile, und letztlich sollte der persönliche Geschmack, vielleicht auch die Liebe auf den ersten Blick, das Problem »Rüde oder Hündin« lösen.

Wie alt soll der Hund sein?

Die meiste Arbeit, aber auch die meiste Freude haben Sie mit einem 8 bis 12 Wochen alten Welpen. Er wächst problemlos, Ihren Wünschen entsprechend, in Ihr Familienleben hinein. Sie können ihn von Anfang an erziehen, füttern und unterbringen, um ihm einen guten Start für das weitere Zusammenleben zu geben. Die ersten Wochen kosten Nerven und Geduld, bis der kleine Kerl stubenrein ist und nicht mehr alles zerkaut, was ihm vor die Zähne kommt. Es ist selbstverständlich, daß der Welpe in

Gerade noch gerettet hat Rebecca ihr Spielzeugauto vor den spitzen Zähnchen des Colliewelpen.

dieser Zeit ganz besonders sorgfältig beaufsichtigt werden muß.

Möchten Sie einen älteren Hund kaufen, so gewöhnen sich Hunde, die bisher im Zwinger gelebt haben, relativ schnell an ein kontaktnahes Familienleben und ziehen dies dem Zwingerleben immer vor. Wurde der Welpe allerdings in einem Zwinger gehalten mit nur wenig menschlichem Kontakt und ohne Möglichkeit, die Umwelt mit all den für ihn fremden Geräuschen und Gegenständen kennenzulernen und sich damit vertraut zu machen, und hat er sich ganz einer Hundefamilie angeschlossen, dürfte eine Umgewöhnung schwierig sein.

Ich habe viele Hunde erlebt, die aus Zwingern kamen und sich wunderbar umgewöhnt haben, aber auch solche, die nie den richtigen Kontakt zu ihrer neuen Umgebung fanden. Man muß sehr genau beobachten, welche Beziehung der Hund zum Menschen hat. Idealerweise besucht man ihn mehrmals und geht mit ihm an der Leine spazieren. Treffen Sie in jedem Fall eine schriftliche Vereinbarung mit dem jetzigen Besitzer, daß Sie den Hund zurückgeben können, wenn er sich nicht eingewöhnen sollte.

Was ist ein Rassehund?

Ein Rassehund muß nachweislich seit Generationen reinrassig gezüchtet worden sein, d. h. beide Eltern, Großeltern, Urgroßeltern etc. gehören derselben Rasse an. Die Ahnentafel – im Volksmund Stammbaum genannt – ist der Abstammungsnachweis und Garantieschein für die Reinrassigkeit. Im Grunde ist sie ein Auszug aus dem Zuchtbuch und ermöglicht, die Vorfahren eines Hundes über viele Generationen hinweg zurückzuverfolgen, was für eine sorgfältig geplante Hundezucht sehr wichtig ist.

Jeder Züchter bekommt für seine Welpen unter Einhaltung der Zuchtbestimmungen diese Ahnentafeln vom zuchtbuchführenden Verein. In Deutschland sind dies der Club für Britische Hütehunde e. V. und der Deutsche Collie Club e. V. (DCC), Mitglieder des Verbandes für das Deutsche Hundewesen e. V. (VDH), in Österreich der Österreichische Kynologenverband (ÖKV) und in der Schweiz die Schweizerische Kynologische Gesellschaft (SKG), alle Mitglieder des internationalen Dachverbandes, der Fédération Cynologique Internationale (FCI). Diese Verbände sorgen dafür, daß die erwünschten Eigenschaften einer Rasse auf internationaler Ebene züchterisch einheitlich erhalten und vervollkommnet werden.

Wo kauft man einen Collie oder Sheltie?

Die Zuchtbestimmungen dienen dem Schutze der Reinrassigkeit und der Zuchttiere gegen Ausbeutung durch gewinnausgerichtete Züchter. Gewerbsmäßige Züchter und Händler dürfen nicht Mitglieder dieser Zuchtvereine werden und bekommen für ihre Welpen keine Ahnentafeln dieser Vereine. Umgekehrt ist es den Züchtern von VDH-Mitgliedsvereinen nicht gestattet, ihre Welpen über den Handel abzusetzen.

Ernsthafte Züchter verwenden sehr viel Sorgfalt darauf, die Elterntiere auszuwählen, fahren oft viele hundert Kilometer zu einem erstklassigen Deckrüden, damit möglichst typische und gute Welpen geboren werden.

Der Hundehändler, oft als »Züchter« getarnt, kauft hingegen seine Welpen bei erwerbsmäßigen Züchtern auf, die ihre Zuchthündin bei jeder Läufigkeit decken lassen und so Welpen in großen Mengen produzieren. Sie können sich vorstellen, welch trauriges Schicksal solch ein armer kleiner Kerl erdulden muß. Wenn er im Alter von 8 Wochen von einem Händler angeboten wird, hat er schon vorher Mutter und Geschwister verlassen, womöglich einen langen Transport in einer Kiste, zusammengepfercht mit anderen Welpen, hinter sich. Seine Widerstandskraft ist geschwächt. Der verstörte Welpe ist für Krankheitserreger geradezu empfänglich. Da oft nicht einmal die Impfangaben stimmen, werden mit großer Wahrscheinlichkeit erhebliche Tierarztkosten auf Sie zukommen, bis der Welpe, wenn überhaupt, ein gesunder und fröhlicher Hund sein kann.

Angesichts der Tatsache, daß Ihr neuer Hausgenosse – hoffentlich – für die nächsten 10 bis 15 Jahre Ihr Begleiter sein wird, lohnt sich die Mühe, sich vor dem Kauf mit der Rasse vertraut zu machen. Ich finde dazu den Besuch einer Hundeausstellung gut geeignet. Ort und Zeit solcher Schauen erfahren Sie beim Rassezuchtverein (Adressen im Anhang). Auf einer Hundeausstellung lernen Sie Züchter und deren Hunde kennen und können sich ein Bild von der Rasse machen und eventuell erste Kontakte mit Züchtern knüpfen.

Im Tiermarkt der Tageszeitungen kann man Züchteradressen finden. Hier ist allerdings die Gefahr groß, einem Massenzüchter oder Händler (Vorsicht bei »Züchter«-Anzeigen, die mehrere Rassen anbieten!) aufzusitzen. Fragen Sie deshalb unbedingt, ob die Welpen in dem für Ihr Land zuständigen Zuchtverein eingetragen sind, denn fast jeder Händler hat heutzutage »Billig-Collies und -Shelties« anzubieten. Am besten halten Sie sich an Adressen, die Ihnen die Welpenvermittlungsstellen der Zuchtvereine geben (dort werden auch ältere Tiere vermittelt).

Bei bekannten Züchtern sind die Welpen oft vorbestellt oder gerade dann keine zu haben, wenn Sie einen haben wollen. Wenn Ihnen der Züchter und seine Tiere zusagen, sollten Sie in jedem Fall den nächsten Wurf abwarten.

Der Hausgenosse Hund

Collies und Shelties vertragen sich gut mit Artgenossen; hier bei einer Gehorsams- übung.

Der Gang zum Züchter

Vereinbaren Sie frühzeitig einen Besuchstermin mit dem Züchter, da- mit er für Sie Zeit hat. Lassen Sie sich die erwachsenen Hunde zeigen, die gut gepflegt sein sollten. Kein Tier darf scheu oder aggressiv sein. Dem Sheltie gesteht man eine gewisse Re- serviertheit zu, aber auch er darf nicht ängstlich sein.

Die Hunde sollten sich in Gegen- wart ihres Besitzers Fremden gegen- über neugierig und unbefangen ver- halten und ein offensichtlich gutes Verhältnis zum Züchter haben. Schauen Sie sich die Mutter der Welpen an, und wundern Sie sich nicht, wenn sie etwas zerrupft aus- sieht; Welpen zehren sehr an ihren Kräften, besonders das Fell hat zu lei- den. Manchmal zeigt sich die Mutter- hündin Fremden gegenüber miß- trauisch.

Vorsicht ist angebracht, wenn man Ihnen die Mutter nicht zeigen will. In den seltensten Fällen besitzt der Züchter auch den Vater. Ihn kann man meist auf Fotos bewundern.

Die Unterkünfte der Hunde sollten luftig, geräumig und sauber sein, die Tiere dürfen nicht in irgendwelchen dunklen Ställen hausen. Ungereinigte Futterschüsseln, Kot und Urin zeugen von mangelnder Sorgfalt. Die Möglichkeit zu viel freiem Auslauf muß gegeben sein. Viele Sheltiezüchter ziehen ihre Welpen in der Wohnung groß, wo eine liebevolle Aufzucht und Kontakte zwischen Welpen und Menschen von Geburt an gewährleistet sind.

Besuchen Sie nach Möglichkeit mehrere Züchter, und kaufen Sie letztlich dort, wo Ihnen die Verhältnisse am sympathischsten sind. Kaufen Sie nicht mit ungutem Gefühl bei einem Züchter, nur weil er gerade Welpen hat und diese womöglich billiger sind. Sie werden es bereuen. Denken Sie immer daran, daß der Anschaffungspreis der geringste Kostenfaktor der Hundehaltung ist. Mit 1.000,– DM und mehr müssen Sie schon rechnen.

Fragen Sie den Züchter alles, was Sie wissen möchten. Ein nicht zu unterschätzender Vorteil des Kaufes bei einem Züchter, im Gegensatz zum Händler, ist, daß Sie mit allen Problemen und Sorgen, die im Laufe eines Hundelebens auf Sie zukommen können, auf seine Erfahrungen und Kenntnisse zurückgreifen dürfen.

Wenn Sie besondere Wünsche haben, etwa ausstellen oder züchten möchten, sagen Sie dies dem Züchter. Er wird Ihnen nach bestem Wissen und Gewissen den für Sie geeigneten Welpen aussuchen helfen. Natürlich kann er nicht sagen, wie der Welpe als erwachsener Hund einmal aussehen wird, doch anhand seiner Erfahrung unter den anderen Welpen Vergleiche ziehen. Die weitere positive Entwicklung hängt jedoch maßgeblich von Ihrer Betreuung und Aufzucht ab. Lesen Sie ruhig jetzt schon das Kapitel über die Zucht durch; Sie verstehen die Aufgaben des Züchters besser, was Ihnen wiederum bei der Auswahl hilft.

Bei Schnee und Sonnenschein macht den beiden Collies das Toben Spaß.

Die Qual der Wahl

Stehen Sie vor einer kleinen Meute wonniger, flauschiger Wollknäuel, so zügeln Sie Ihr Entzücken, bewahren einen kühlen Kopf und prüfen die Welpen sorgfältig. Nehmen Sie sich Zeit, die Welpen zu beobachten, um Unterschiede festzustellen. Wenn Sie zur Schlafenszeit der Welpen kommen, warten Sie, bis alle wieder munter sind, um keinen falschen Eindruck vom Verhalten der Tiere zu bekommen.

Achten Sie darauf, daß die Tierchen keine tränenden Augen, triefende Nasen oder Durchfall haben, daß Zahnfleisch und Schleimhäute rosig sind und sie sich nicht kratzen oder gar husten. Die Beinchen sind gerade, der Körper fest-fleischig anzufassen.

Welpen dürfen keinesfalls zu fett sein, was sich auf die Entwicklung des Skeletts und der Sehnen negativ auswirkt. Viele Züchter finden es auch noch schön, wenn sie möglichst pummelige Bärchen vorweisen können.

Sind die Welpen mager oder haben aufgeblähte Bäuche, deutet dies auf mangelhafte Ernährung oder Wurmbefall hin. Das Fell muß wollig und sauber sein, besonders an Genitalien und After, die Haut frei von Schuppen, Schorfen und kahlen Stellen. Gesunde Welpen sind rundum ansprechend und stinken nicht. Denken Sie daran, daß Sie Mängel in der Aufzucht bis zur 8. Woche nicht mehr gutmachen können. Kaufen Sie daher von vornherein einen bestens aufgezogenen und gesunden Welpen.

Neugierig und fröhlich sollen die Welpen auf Sie zutapsen und sich nicht scheu in eine Ecke verdrücken oder vor Ihnen ausweichen. Solche Außenseiter bleiben meist zeitlebens scheu, und Sie werden damit sehr viel Mühe und wenig Freude haben. Selbst wenn der Züchter eine scheinbar plausible Erklärung für scheues Verhalten seiner Hunde hat, bewahren Sie Vorsicht, wählen Sie lieber einen unerschrockenen Hund, wenn Sie auf einen selbstbewußten Collie oder Sheltie Wert legen.

Ältere Leute oder Familien mit Kleinkindern sollten einen ruhigen, ausgeglichenen Hund wählen, Familien mit größeren Kindern dagegen einen lebhaften Welpen aussuchen, der sofort auf sie zukommt und Kontakt knüpfen möchte.

Haben Sie sich für einen Welpen entschieden, machen Sie einen Kaufvertrag. Dieser sollte bestätigen, daß der Welpe zum Zeitpunkt des Verkaufs entwurmt, frei von Ungeziefer, sichtbaren Krankheiten und Mängeln ist sowie die seinem Alter entspre-

Bei drei so entzücken-den Sheltiewelpen wird die Wahl wirklich zur Qual.

chenden Impfungen erhalten hat. Lassen Sie sich den Kaufpreis quittieren und die Ahnentafel, Futterplan und Impfpaß aushändigen. Wird die Ahnentafel nachgeliefert, halten Sie dies im Kaufvertrag fest, ebenso, daß der Welpe bei einem der FCI angeschlossenen Zuchtverein zur Eintragung gemeldet ist. Bitten Sie darum, den Wurfbesichtigungsschein sehen zu dürfen. Er bestätigt die Begutachtung des Wurfes durch einen Zuchtwart und die Meldung zur Eintragung ins Zuchtbuch.

Der Weg ins neue Heim

Holen Sie Ihren Welpen per Bahn ab, wo er im Abteil auf Ihrem Schoß sitzen darf, so decken Sie sich reichlich mit Zellstoff o. ä. ein, um für eventuelle Malheure gewappnet zu sein. Am besten ist es jedoch, ihn mit dem Pkw abzuholen. Fahren Sie mit einem Begleiter, um dem Welpen auf dem Heimweg Ihre volle Aufmerksamkeit schenken zu können. Bitten Sie den Züchter, den Welpen einige Stunden vor dem Abholen nicht zu füttern, und legen Sie den Platz im Wagen, auf dem der Welpe liegen soll, vorsichtshalber mit Zeitungspapier aus, falls der Welpe sich erbricht. Haben Sie für alle Fälle eine Rolle Papierhandtücher parat.

Auf eine längere Fahrt nehmen Sie eine Schüssel und eine Flasche Wasser mit, um bei den Pausen unterwegs Wasser reichen zu können. Daß vorsichtig und sanft gefahren werden muß, sollte selbstverständlich sein.

Halten Sie oft an, und lassen Sie ihn – natürlich an der Leine – schnüffeln und sich lösen. Reden Sie viel mit ihm, damit er sich nicht verlassen vorkommt.

Die ersten Stunden im neuen Heim

Wählen Sie den Zeitpunkt der Anschaffung so, daß Sie ein paar Tage Ruhe und Zeit haben, sich ausschließlich dem Welpen zu widmen. Besucher sind in den ersten Tagen unerwünscht, denn der Neuankömmling soll in Ruhe die neue Umgebung erkunden können. Lassen Sie ihn dabei seine eigenen Wege gehen, und verwirren Sie ihn nicht, indem Sie ihm ständig etwas Neues vorführen. Zeigen Sie ihm vorerst nur seinen Schlaf- und Eßplatz sowie den ihm zugedachten Löseplatz.

Der Schlafplatz

Schaffen Sie für Ihren neuen Gefährten einen Platz in einer zugfreien, ruhigen Ecke, auf den er sich ungestört zurückziehen kann. Hunde brauchen viel Schlaf, ganz besonders aber der Welpe, der den Schlaf nur zum Fressen und für kurze Spielperioden unterbricht. Hunde, die in einer lebhaften Familie leben und sich

Geduldig warten die beiden blue merle Collies, bis die kleine Katrin und die Katze ausgeschlafen haben.

nicht zurückziehen können, weil sie ständig wachgehalten werden, gedeihen weniger gut und werden nervös. Kinder sollte man darauf hinweisen, den Schlafplatz des Hundes zu respektieren und ihn dort nicht zu stören.

Für einen kleinen Hund wie den Sheltie bietet der Zoofachhandel eine Vielzahl von Hundebetten aus Plastik oder kuschelweichem Plüschmaterial für jeden Geschmack an. Das Bett sollte so groß sein, daß auch der erwachsene Sheltie noch bequem darin liegen kann. Achten Sie darauf, daß Schutz vor Bodenkälte und Feuchtigkeit gewährleistet ist.

Als Lager für den Collie eignet sich ein Holzrost auf ca. 10 cm hohen Beinen. Darauf kommt eine Matratze mit einem auswechselbaren, waschbaren Überzug. Die Lagerstatt sollte so groß sein, daß sich der erwachsene Hund darauf lang ausstrecken kann. Sie

können die Wände um das Hundebett mit Holz verkleiden; das sieht hübsch aus und ist praktisch, weil die Tapete rasch unansehnlich wird.

Der Welpe mag sich auf dem großen Bett verloren vorkommen; stellen Sie ihm daher einen Karton oder eine Kiste darauf, in die er sich kuscheln kann. Es ist in jedem Fall angebracht, den Welpen von klein auf an »seine« Schlafstelle zu gewöhnen.

Sparen Sie sich die Kosten für einen Weidenkorb. Der Welpe wird ihn mit Sicherheit auffressen. Wir haben beinahe einmal einen jungen Hund verloren, bei dem sich die abgefressenen Korbstückchen im Darm verkeilten! Gerne wird ein fester Plastikkorb mit einer Vetbed®-Einlage oder einer ähnlichen Vlieseinlage angenommen. Sie ist zudem ausgesprochen pflegeleicht.

Als sehr praktisch haben sich die modernen Hundetransportboxen erwiesen. Hunde fühlen sich in diesen »Höhlen« ausgesprochen wohl, sie sind leicht sauberzuhalten, und der Hund kann kurzfristig sicher eingesperrt werden. Auch für den Urlaub sind sie praktisch. Auseinandergenommen beanspruchen sie kaum Platz, und Ihr Hund hat am Urlaubsort sein gewohntes Haus. Besonders in Hotels wird ein so untergebrachter Hund sehr geschätzt!

Will der Hund den Platz absolut nicht annehmen und sucht sich eine Ecke aus, die Ihnen ebenfalls praktisch erscheint, geben Sie nach.

Da langhaarige Hunde, insbesondere bei feuchten Haaren, sehr krankheitsanfällig sind (Nieren und Blasen), müssen Sie dem Liegeplatz größte Aufmerksamkeit widmen. Er darf sich nicht an der Heizung befinden, denn zuviel Wärme schadet dem Fell und verweichlicht den Hund.

Wenn Sie in einem neueren Haus wohnen, mit einem hellen, trockenen Keller, können Sie dort ein zusätzliches Hundebett einrichten. Natürlich erspart dies nicht sein Lager in der Wohnung. Der Hund muß selbst entscheiden können, wann er wo liegen will (Ausnahme: Er kommt naß und schmutzig von einem Spaziergang zurück – danach muß er zum Abtrocknen eben im Keller bleiben).

Alle Hunde lieben einen erhöhten Liegeplatz, von dem aus sie die Umgebung beobachten können. Es wird deshalb immer einen Kampf um Sessel und Couch geben. Für den kleinen Sheltie wird sich wohl ein Plätzchen finden lassen.

Schicken Sie Ihren Hund nie zur Strafe auf seinen Schlafplatz!

Soll Ihr Hund die Funktion eines Wachhundes erfüllen, wählen Sie den Schlafplatz so, daß er möglichst zentral im Hause liegt und der Hund auch wirklich alles mitbekommt und melden kann.

Auf die Zwingerhaltung gehe ich nicht ein, da sie im Falle von Collie und Sheltie für den Einzelhundbesitzer nicht in Frage kommt.

Die erste Nacht

Schmerzlich wird dem Welpen zu Bewußtsein kommen, daß er seine Familie endgültig verlassen hat, und er wird nach ihr fiepen. Erfahrungsgemäß geht die Umgewöhnung aber rasch und problemlos vonstatten. Viele Leute bevorzugen es, ein Hundebett im Schlafzimmer aufzustellen, um den Welpen jederzeit berühren und beruhigen zu können. Das hat außerdem den Vorteil, daß Sie, wenn Sie es rechtzeitig bemerken, sofort aus dem Bett springen können, wenn der Kleine unruhig wird, weil er ein Geschäftchen verrichten muß. Sie müssen dann damit rechnen, daß Ihr Hund von nun an immer im Schlafzimmer schlafen will und der erwachsene Hund nur schwer begreifen wird, daß er hier auf einmal unerwünscht ist.

Der Eßplatz

Legen Sie von Anfang an einen Platz für Futter- und Wasserschüssel fest, der Ihnen praktisch erscheint. Der Boden sollte leicht zu reinigen sein, da

Hunde gerne kleckern. Abgeschüttelte Flocken können an Möbeln und Wänden landen. Viele Hunde mögen keine Zuschauer und Unruhe beim Essen. Wenn Ihr Hund unruhig und nicht zügig frißt, kann es daran liegen, daß ihm der Platz nicht behagt. Probieren Sie es dann an einer anderen Stelle: Vielleicht frißt er lieber bei seinem Schlafplatz.

Stubenrein-heit

Überlegen Sie sich frühzeitig, wo Ihr Hund sein Geschäft verrichten soll. Bequem ist natürlich der Garten, aber die Haufen eines Collies oder gelbe Grasflecken vom Urin tragen nicht gerade zur Verschönerung bei. Ist Ihr Garten groß genug, richten Sie einen festen Löseplatz ein, den Sie mit Sand und Kies bedecken, gelegentlich abspritzen, desinfizieren, abgraben und neu mit Sand und Kies aufschütten.

Wenn Sie in freier Natur wohnen, wäre es besser, den Hund auszuführen. Allzuweit sollte der Löseplatz nicht entfernt sein, denn er muß rasch und bei jedem Wetter Tag und Nacht zu erreichen sein. Machen Sie sich Ihre Nachbarn nicht zu Hundefeinden und benutzen deren Vorgärten oder Bürgersteige! Der Löseplatz darf niemanden stören. Einen Stadthund gewöhnen Sie von Anfang an daran, den Rinnstein zu benutzen. Außerdem gibt es Geräte, um Hundehäufchen aufzuheben und zum nächsten Abfallbehälter zu transportieren.

Gewöhnen Sie Ihren Welpen vom ersten Tag an den von Ihnen ausgewählten Löseplatz. Hat der Welpe aus Ihrer Bequemlichkeit heraus gelernt, den Garten nach Gutdünken als Löseplatz zu benutzen, wird er auch auf langen Spaziergängen einhalten, um sich endlich dort lösen zu können.

Wie schnell Ihr Welpe stubenrein wird, hängt mit von Ihrer Aufmerksamkeit ab. Füttern Sie die letzte Mahlzeit vier Stunden vor dem Schlafengehen, so kann sich der Welpe noch vorher lösen und die Nacht über aushalten. Verhindern Sie, daß er dann frei in der Wohnung herumwandern kann.

Nach jedem Aufwachen, Fressen, und wenn er suchend hin und her läuft, ist ein Geschäftchen fällig. Sie nehmen ihn hoch und befördern ihn schleunigst auf seinen Löseplatz. Hat er sein Geschäft gemacht, wird er gelobt und mit einem kleinen Hundeleckerbissen belohnt. Jetzt befindet sich dort die erste Duftmarke, der wichtigste Schritt ist getan.

Ist das Malheur doch einmal in der Wohnung passiert und Sie ertappen den Welpen dabei, schimpfen Sie und bringen ihn zu seinem Löseplatz, wo er gelobt wird. Tunken Sie niemals die Nase des kleinen Welpen in das Mißgeschick und strafen Sie ihn nicht dafür, wenn Sie ihn nicht unmittelbar dabei erwischen. Sein Gedächtnis reicht nicht aus, die Strafe mit einer für ihn längst vergangenen Tätigkeit zu verknüpfen. Sie verwirren den Hund und zerstören das aufkeimende Vertrauen zu Ihnen, das unter allen Umständen gehegt und gepflegt werden muß und die Grundlage für das weitere Zusammenleben ist. Pfützchen entfernt man aus Teppichen geruch- und fleckenlos mit Küchenkrepp und anschließendem Abreiben mit Essigwasser.

Halsband und Leine

Beim Collie-Welpen eignet sich am besten eine Nylonleine mit eingearbeitetem Halsband; diese kann man der Halsweite anpassen, so daß er mit dem Kopf nicht aus der Schlinge schlüpfen kann. Dies gilt allerdings nur für den ganz jungen Welpen, nicht für den ungestümen Junghund. Diese Leine läßt sich rasch durchbeißen, weshalb es wenig Zweck hätte, den Hund damit z. B. irgendwo festzubinden.

Der etwa vier Monate alte Hund braucht eine grobgliedrige Kette, die entweder mit Zug geführt oder bei der die Leine so eingehakt werden kann, daß die Kette genau der Halsweite angepaßt ist und sich nicht zuzieht. Später, wenn der Hund ausgewachsen ist und manierlich an der Leine geht, kaufen Sie einen rundgenähten Leder- oder Nylonwürger, der sich leicht über den Kopf ziehen läßt, auch ohne Würgezug angehakt werden kann und das Fell schont.

Für den jungen Sheltiewelpen hat sich ein Katzengeschirr bewährt, danach ein normales Halsbändchen und für den erwachsenen Hund ein dünner Lederwürger oder die Nylonleine. Halsbänder werden übrigens nur angelegt, wenn der Hund das Haus verläßt. Auch das beste und teuerste Halsband schadet der schönen Halskrause Ihres Hundes, vor allem, wenn er an der Leine zerrt und nicht ordentlich bei Fuß geht.

Besorgen Sie Ihrem Collie eine zwei Meter lange Lederleine, mit eingearbeitetem Griff hinter dem starken Karabinerhaken, deren Ende sich in verschiedene Ringe einhaken läßt. So haben Sie den Hund stets sicher im Griff und können gegebenenfalls die Leine verlängern. Dem Sheltie genügen entsprechend leichtere Lederleinen, für ihn eignet sich auch eine Aufrolleine, die ich für die kräftigeren Collies jedoch nicht empfehle.

Leider bekommt man Nylonleinen, runde Lederwürger oder geflochtene Nylonwürger nicht überall im Zoofachhandel, dagegen finden Sie auf größeren Ausstellungen ein reichhaltiges Angebot.

Spielzeug

Welpen wollen und müssen spielen. Gummibälle, die zerbissen und verschluckt werden können, sind sehr gefährlich, ebenso Kinderspielzeug und Stofftiere, die der Kleine im Handumdrehen in Einzelteile zerlegt hat. Verschluckte Glasaugen, Drahtstücke, Plastikteile können zum qualvollen Tod führen. Elektrokabel dürfen für den jungen Hund nicht erreichbar sein. Grundsätzlich sollten Sie alles vom Hund fernhalten, was auch einem Kleinkind gefährlich werden könnte.

Fellreste, alte Handtücher, Lebensmittelkartons (mit lebensmittelechter Farbe bedruckt und ohne jegliche Plastikzusätze) oder Büffelhauterzeugnisse sind ungefährlich und bieten Ihrem Welpen genug Abwechslung, bis seine neuen Zähne durchgebrochen sind und das zwanghafte Nagen von selbst nachläßt. Das »Nagealter« liegt im Alter zwischen drei und sechs Monaten.

Bewegung und Auslauf

Beides hat für unsere Rassen große Bedeutung. Nicht nur, um sie körperlich fit zu halten, sondern weil diese intelligenten Tiere Abwechslung und geistige Anregung brauchen. Es genügt nicht, den Hund in den Garten zu lassen, denn von sich aus läuft er nicht annähernd so viel, wie er sollte.

Meistens machen frischgebackene Hundebesitzer vor überschwenglichem Stolz den Fehler, mit dem Welpen überall hinzuwandern. Doch das bekommt ihm gar nicht. Er muß in erster Linie schlafen und fressen, dazwischen spielen, dann wieder fressen und schlafen. In den ersten Wochen genügt es, wenn Sie in diesen Spielphasen mit dem Welpen toben. Allzulange Spaziergänge schaden dem Wachstum von Muskulatur, Sehnen und Knochen. Junghunde mit zuviel Bewegung schießen in die Höhe, anstatt langsam zu wachsen, und sind meist zu dünn. Werden Sehnen und Gelenke zu früh stark beansprucht, führt dies zu unschönen Veränderungen im Körperbau.

Um den Welpen frühzeitig an seine Umwelt heranzuführen, nehmen Sie ihn bei kurzen Einkäufen oder Spritztouren im Auto in die Stadt mit: in Kaufhäuser, auf stark befahrene Straßen, auf den Bahnhof. Solche Erkundungstouren kann der Welpe auf Ihrem Arm ruhig unternehmen, so wird er nicht getreten.

Diese »Lehrgänge« sollten anfangs nicht länger als zehn Minuten dauern und alle paar Tage wiederholt werden. Reden Sie dem Welpen gut zu, muntern ihn auf, wenn er Angst hat (nicht streicheln, für Angst darf er nicht belohnt werden). Ermutigen, dann Loben gibt ihm Sicherheit in der ungewohnten Umgebung. Es ist wichtig, daß schon der kleine Welpe an seine lärmende Umwelt gewöhnt wird, denn verbringt er die ersten Monate im Garten und bei einsamen Waldspaziergängen, wird er beim ersten Omnibus in Panik geraten und u.U. sein Leben lang im Straßenverkehr Angst haben.

Wählen Sie den Zeitpunkt für Spaziergänge vor der Fütterung. Der Hund bekommt Appetit und kann nach dem Fressen in Ruhe verdauen. Ab dem 5. oder 6. Monat können Sie ausgedehntere Ausflüge mit dem Welpen unternehmen; gehen Sie aber nur so weit, wie er freudig mitgeht. Trottet er lustlos hinterher, war die Strecke zu lang. Vorsicht, manche Welpen scheinen nie genug zu kriegen und überfordern sich selbst! Eine halbe Stunde morgens und abends genügt.

Ab neun Monaten darf sich ein Spaziergang über ca. 45 Minuten erstrecken, ab einem Jahr machen ihm Wanderungen von mehreren Stunden nichts mehr aus. Im Gegenteil, Sie können Ihren Hund gar nicht müde laufen. Mittlerweile sollte der Hund absolut gehorsam sein und auf Ruf sofort zurückkommen, damit Sie ihn in gefahrloser Gegend frei laufen lassen können. Ist dies nicht der Fall, lassen Sie ihn an möglichst langer Leine seine Umgebung erkunden, erschnüffeln und evtl. »Bein heben«.

Begegnen Ihnen fremde Hunde, geben Sie Ihrem Vierbeiner Gelegenheit, Freundschaft zu schließen und ein wenig zu spielen. Dem jungen Hund tut ein älterer selten etwas,

Diese beiden Sheltie-rüden genießen den Spaziergang am Fluß; daß sie dabei schmutzig werden, stört sie wenig.

Rüden und Hündinnen kommen immer gut miteinander aus, auch wenn die vom Rüden bedrängte Hündin scheinbar gefährlich in die Luft schnappt, um ihn zu vertreiben. Da es jedoch leider auch verhaltensgestörte Hunde gibt, die sich auf Welpen stürzen und zubeißen, fragen Sie den Besitzer, ob der Hund verträglich ist, ehe Sie freie Bahn gewähren. Halten Sie Ihren Hund niemals grundsätzlich von anderen Hunden fern – im Gegenteil: Kontakte mit Artgenossen sind für ein gesundes Sozialverhalten unerläßlich, andernfalls wird er verhaltensgestört, ängstlich oder zum bissigen Raufer. Selbstverständlich dulden Sie niemals, daß Ihr Hund fremde Menschen belästigt.

Collie und Sheltie wildern im allgemeinen nicht. Bei mehreren unbeaufsichtigten Hunden würde ich allerdings nicht die Hand ins Feuer legen. Aber auch wenn Sie wissen, daß Ihr Hund nur aus Lauffreude einem aufgeschreckten Reh oder Hasen nachrennt, ohne Chance, es je zu fangen,

und sofort auf Ihren Ruf zurückkommt – der Jagdaufseher sieht das anders! Halten Sie den Hund deshalb immer im unmittelbaren Einwirkungsbereich, damit er nicht womöglich vor Ihren Augen erschossen wird. Noch größer ist allerdings die Gefahr, daß er, einem Stück Wild nachjagend, auf eine Straße läuft und überfahren wird.

Frei laufen muß ein Hund deshalb, weil seine Gangart nicht der unseren entspricht – seine normale Fortbewegungsart ist der Trab –, er ermüdet schneller, wenn er sich anpassen muß. Stöckchenwerfen, Versteckspielen und mit anderen Hunden toben sind wesentliche Bestandteile eines Spaziergangs.

Vermeiden Sie nach Möglichkeit, daß der Junghund vor einem Jahr zu oft Treppen steigt oder springt. Die sich entwickelnden Sehnen und Gelenke dürfen nicht überbeansprucht werden. Gelegentlich darf der junge Hund schon Treppen steigen, damit er sich frühzeitig daran gewöhnt.

Auf längere Märsche nehmen Sie Wasser und einen Becher mit, damit Ihr Hund nicht aus brackigen Pfützen trinkt. In unserer heutigen »sauberen« Umwelt weiß man nie, was sich im Wasser befindet (z. B. giftige Düngemittel, die der Regen aus den umliegenden Feldern gespült hat). Dies gilt auch für Bäche und andere Gewässer.

Denken Sie daran, daß unsere Hunde auch bei schlechtem Wetter laufen wollen. Geschützt vom wetterfesten Pelz, dringt die Nässe nicht bis auf die Haut, und Collie und Sheltie trocknen nach ordentlichem Schütteln rasch wieder.

Radfahren

Um dem erwachsenen Collie die Bewegung zu verschaffen, die einem Hütehund Genüge tut, fahren Sie am besten einmal am Tag eine größere Strecke mit dem Fahrrad. Das Fahrradtraining beginnt frühestens beim einjährigen Hund. Sie nehmen ihn an die Leine und schieben das Rad auf der ihm abgewandten Seite nebenher, bis er sich daran gewöhnt hat. Dann schieben Sie das Rad zwischen sich und dem Hund. Das geht ein paar Tage so. Gerät der Hund vor das Vorderrad, fahren Sie ihn ruhig sanft an, damit er merkt, daß er keinesfalls vor das Rad laufen darf. Dann steigen Sie auf, und mit dem Kommando »Fuß!« folgt der Hund an locker durchhängender Leine. Er darf nicht zerren.

Führen Sie den Hund am Rad rechts, damit er auf befahrenen Wegen nicht auf der Seite der Autos läuft. Üben Sie an einsamen Plätzen und steigen Sie vorsichtshalber ab, wenn Menschen und Hunde auftauchen. Verlangen Sie »Fuß!«, und reden Sie dem Hund gut zu, damit er sich nicht um die Passanten kümmert. Schnell wird der Hund lernen, ruhig neben dem Rad zu laufen.

Vor einer Radtour geben Sie dem Hund ausreichend Gelegenheit zu schnüffeln, sich zu lösen und ein paar Runden Stöckchen zu spielen, bis der erste Übermut verraucht ist. Die ersten Touren sollten nicht länger als zehn Minuten dauern, denn weder Fußballen noch Muskulatur des Hundes sind die Beanspruchung gewöhnt. Auf Asphalt laufen sich die Pfoten schnell wund, wenn sie vorher nur weichen Boden kannten. Ganz allmählich verlängern Sie die Strecke, beim trainierten Hund sind 10 km und mehr ohne wesentliche Ermüdungserscheinungen möglich. Allerdings dauert es Monate, bis Ihr Hund eine solche Kondition hat.

Der Hund muß Ihnen im ausgestreckten Trab folgen können, er darf niemals galoppieren, denn erzwungenes Galoppieren über lange Strecken schadet Herz und Knochen. Vergessen Sie auch auf langen Strecken Schnüffel- und Lösepausen nicht – Sie müssen ja keine Rekorde brechen! Wechseln Sie öfter die Route (auch bei Spaziergängen), damit der Hund neue und belebende Eindrücke gewinnen kann.

Glauben Sie mir: Ihr Hund wird ein begeisterter Radläufer werden, was seiner und Ihrer Gesundheit bestens bekommt. Es versteht sich von selbst, daß bei heißem Wetter nur in den kühlen Stunden des Tages, am besten morgens, radgefahren wird!

Shelties sind auch ausdauernde Läufer. Wenn Sie Ihren Sheltie auf

Wer seinen Sheltie zu motivieren weiß, erreicht mit ihm Höchstleistungen.

Radtouren mitnehmen wollen, gewöhnen Sie ihn langsam daran, fahren Sie nur so schnell, daß er leicht nebenher traben kann, und bringen Sie am besten auf dem Rad ein Körbchen an, damit er bei längeren Strecken und größerer Geschwindigkeit auf dem Rad mitfahren kann.

Hund und Auto

Das Auto ist für uns zum selbstverständlichen Transportmittel geworden, und ein Hund, der im Auto sabbert oder erbricht, ist eine echte Belastung. Man kann dies vermeiden, indem der Hund gar nicht erst Gelegenheit bekommt, sich übel zu fühlen und zu erbrechen. Heben Sie den jungen Hund stets ins Auto und aus dem Auto heraus. Erstens sollen junge Hunde nicht springen, und zweitens darf er das Auto nur auf Kommando verlassen, um sich nicht zu gefährden.

Für den Collie ist ein Kombi mit Ladefläche ideal. Besorgen Sie sich ein Trenngitter oder Netz, das den Personenraum abtrennt, damit der Hund nicht über die Sitze springen und den Fahrer stören kann. Legen Sie die Ladefläche mit einem rutschfesten Teppichboden aus. Haben Sie keinen Kombi, gewöhnen Sie den Hund sofort an einen bestimmten Platz auf dem Rücksitz. Binden Sie ihn notfalls fest, damit er nicht nach vorne springt, aber bitte nicht so kurz, daß er sich womöglich aufhängt. Legen Sie vorsichtshalber seinen Platz mit Zeitungen aus, um ein Malheur problemlos entfernen zu können. Aufgeregte Hunde neigen manchmal zu Durchfall.

Die ersten Fahrten sollten nur wenige Minuten dauern (ausgenommen das Abholen beim Züchter). Fahren Sie vorsichtig, nehmen Sie die Kurven sanft. Fahren Sie niemals unmittelbar nach dem Füttern. Die Autofahrt sollte stets mit einem freudigen Ereignis, z. B. einem Spaziergang mit Spielrunde, enden; oder beim Metzger mit herrlichen Leckerbissen als Belohnung. Fahren Sie zur Gewöhnung auch die kürzeste Strecke zum nächsten Wald- oder Feldweg, ehe Sie spazierengehen.

Nützen alle Bemühungen nichts und Ihr Hund sabbert und erbricht weiterhin, lassen Sie sich vor längeren Reisen vom Tierarzt Reisetabletten

*Mit der Schwimm-
weste fühlt sich der
junge Sheltie an Bord
sicher.*

geben. Gute Erfolge hatten einige
Hundebesitzer mit Elektroableitern,
die unter dem Wagen angebracht werden und auf der Fahrbahn schleifen.

Halten Sie während der Fahrt die
Fenster höchstens spaltbreit offen,
damit der Hund keine Zugluft abbe-
kommt. Niemals darf man vergessen,
das Auto im Schatten zu parken (den
Lauf der Sonne vorausberechnen!)
und die Fenster einen Spalt offen zu
lassen. Hunde brauchen mehr Sauer-
stoff als Menschen, und da sie nicht
schwitzen können wie wir (sie he-
cheln lediglich zur Abkühlung), sind
schon viele Hunde einem Hitzschlag
erlegen. Praktisch sind kleine Gitter,
die sich zwischen die halbaufgekur-
belten Fenster klemmen lassen und
reichlich Luftzufuhr gewährleisten,
ohne daß der Hund hinausspringen
oder ein Fremder hereinfassen kann.
Trotzdem kann es auch im Schatten
sehr heiß werden; man sollte daher
überlegen, ob man den Hund unbedingt mitnehmen muß. Vergessen Sie
nicht die Diebstahlgefahr bei geöffne-
tem Fenster!

Hund und
Urlaub

Nehmen Sie Ihren Hund mit in Urlaub, so müssen Sie einen Ort wählen,
der auch Ihrem Hund zuzumuten ist.
Einen reinen Badeurlaub in Spanien
oder Italien sollte man unseren langhaarigen Freunden ersparen. Stunden
am heißen Strand zu verbringen, ist
genauso eine Quälerei wie stunden-
langes Warten im Hotelzimmer oder
gar im Wohnwagen. Die meisten

Badestrände untersagen ohnehin die
Anwesenheit von Hunden. Ob Ho-
tel, Ferienhaus oder Campingplatz,
erkundigen Sie sich vorher, ob Hunde
erlaubt sind, und melden Sie Ihren
Vierbeiner ausdrücklich an, um böse
Überraschungen zu vermeiden.

Packen Sie Handtücher, Pflege-
utensilien, Futterschüsseln, soweit
möglich gewohntes Futter und die
Hundedecke ein. Für die Reise immer
frisches Wasser mitnehmen, öfter
Pausen zum Lösen und Trinken machen.

Zwei Monate vor Reiseantritt erkundigen Sie sich nach dem neuesten
Stand der Einreisebedingungen für
Hunde (ADAC, Reisebüro, Tierarzt). Für praktisch alle Länder ist
eine Tollwutschutzimpfung erforderlich, die nicht jünger als 30 Tage
und nicht älter als ein Jahr sein
darf. Manche Länder verlangen zusätzliche Impfungen, in wieder an-

deren herrscht Maulkorbzwang. (Gewöhnen Sie Ihren Hund frühzeitig an das Tragen eines Maulkorbs!)

In der Bahn können Hunde im Abteil mitgenommen werden, sofern Mitreisende sich nicht beschweren, ansonsten müssen sie im Gepäckabteil befördert werden. Flugreisen sind für Hunde heute kein Problem mehr. Sie müssen in genormten Transportkisten untergebracht werden. Bitte sprechen Sie rechtzeitig mit der Fluggesellschaft den Flugtermin ab.

Wollen Sie ohne Hund in Urlaub fahren, so suchen Sie sich frühzeitig einen »Paten« für Ihren Collie und Sheltie – vielleicht auf Austauschbasis oder einen hundefreundlichen Verwandten. Doch der Hund sollte seine Urlaubseltern gut kennen und sich bei ihnen wohlfühlen. Pflegen Sie am besten schon mit dem jungen Hund enge Kontakte mit diesen Personen, und lassen Sie den Hund ab und zu dort.

Manchmal nimmt der Züchter seine verkauften Hunde in Urlaubspension. Einen Collie oder Sheltie in ein Hundehotel zu geben, kann ich nicht empfehlen. Trotz bester Unterkunft und Pflege kamen meine Hunde nach nur einer Woche ziemlich verstört zurück.

Steuer und Versicherung

Hunde sind steuerpflichtig. Melden Sie den Welpen ab dem 3. Monat an. Bei mehreren Hunden kommt unter bestimmten Voraussetzungen die ermäßigte Zwingersteuer zur Anwendung. Informieren Sie sich, Sie können u. U. Geld sparen.

Schließen Sie in jedem Fall eine Hundehaftpflichtversicherung ab. Weniger wegen des Risikos, daß Ihr Hund jemanden beißen könnte; aber Ihr Hund kann beispielsweise in einen Unfall verwickelt werden, an dessen Folgekosten Sie Ihr Leben lang zu tragen hätten.

Man sollte auch in Erwägung ziehen, eine Hundekrankenversicherung abzuschließen.

Selbst die Fahrt im Sessellift nimmt die Colliehündin gelassen hin, wenn sie nur dabei sein darf.

Die Ernährung

Der Hund ist von Natur aus Fleischfresser, was aber nicht bedeutet, daß er sich ausschließlich von Fleisch ernährt. Ahnherr Wolf bricht beim Beutetier zuerst die Bauchdecke auf und frißt die Innereien, insbesondere den Magen und Darm mit dem halb oder ganz verdauten pflanzlichen Inhalt. Erst dann frißt er das Muskelfleisch, später die Haut, und ganz zum Schluß werden die Knochen abgenagt. Kleine Beutetiere wie Mäuse und Kaninchen verschlingen Wölfe mit Haut und Haar.

Es wurde beobachtet, daß Wölfe Beeren und Früchte aufnahmen, ja so

gar Pilze. Unsere Hunde »pflücken« gerne Brombeeren beim Waldspaziergang oder fressen Fallobst – Vorsicht vor Wespenstichen!

Was schließen wir daraus, wenn wir unseren Hund artgerecht ernähren wollen? Er braucht Fleisch, aber dank seiner Anpassungsfähigkeit an die Lebensverhältnisse mit dem Menschen kann er sehr gut mit einem recht großen Anteil Getreidekost leben, ja, er braucht diese Kohlenhydrate. Bei unseren Hausgenossen, die körperlich eher zu wenig beansprucht werden, können wir beim erwachsenen Tier ein Verhältnis ⅓ Frischfleisch und ⅔ Getreidekost rechnen, wobei ein wenig Kochsalz zugefüttert werden muß. Für im Wachstum befindliche Hunde, tragende und säugende Hündinnen sowie aktive Deckrüden und sportlich arbeitende Hunde gilt in der Regel ⅔ Fleisch und ⅓ Getreidekost.

Frischfutter

Ernähren Sie Ihren Hund auf Frischfutterbasis, so müssen Sie für Abwechslung sorgen, um sicherzugehen, daß Ihr Hund alle Nährstoffe, Vitamine und Mineralstoffe bekommt, die er zur Gesunderhaltung seines Körpers braucht.

Mit **Fleisch** meine ich alle Teile von Schlachttieren, Kaninchen, Wild und Geflügel; auch Fisch ist gut. Ei ist eine besonders wertvolle Eiweißquelle. Rohes Eiklar allerdings zerstört das wertvolle Biotin (aus dem Vitamin-B-Komplex) im Körper. Deshalb sollte man hin und wieder lediglich ein Eigelb oder ein gekochtes Ei geben.

Fleisch wird roh oder überbrüht gefüttert, bzw. angekocht, sofern es nicht mehr hundertprozentig frisch ist. Schweinefleisch darf nur gekocht gegeben werden, um die Erreger der Aujeszkyschen Krankheit abzutöten, die für den Hund tödlich verläuft. Bei Schweinefleisch kommt hinzu, daß es zu Juckreizen und Ekzemen führt, was für unsere Rassen äußerst unangenehm ist. Schweinefleisch sollte daher nicht auf Ihrer Einkaufsliste stehen.

Wildfleisch nur füttern, wenn es für den menschlichen Genuß freigegeben ist; Geflügel, besonders tiefgefrorenes, wegen der Salmonellengefahr besser abkochen! Gekochtes Geflügel und Kaninchen müssen sorgfältig entbeint werden, denn die gegarten Knochen splittern. Dieses Fleisch eignet sich besonders zum Anreiz für schlechte Fresser. Hammelfleisch und Innereien ergeben ebenfalls ein gutes Hundefutter. Rohe Leber, Milz und Lunge haben eine abführende Wirkung. Daher besser gekocht reichen. Wenn Sie gefrorene Eintagsküken bekommen und sich zur Verfütterung dieser Tierchen überwinden können, geben Sie Ihrem Hund damit ein sehr gesundes und reichhaltiges Futtermittel.

Schneiden Sie nicht grundsätzlich alles Fett vom Fleisch ab. Sollte es zu fett sein, kochen Sie es und heben die Fettschicht von der erkalteten Brühe ab (Brühe zum Futter geben, da sie wertvolle Stoffe enthält); etwas Fett aber braucht der Hund, in erster Linie als Energielieferant.

Fisch, der sorgfältig entgrätet sein muß, bietet eine willkommene Abwechslung, sollte aber hitzebehandelt (Kochen, Braten, Dünsten) werden, da roher Fisch Durchfall verursachen kann. Hin und wieder ein Bückling ist ein besonderer Leckerbissen.

Frischer grüner Pansen, der ungewaschen noch einen großen Anteil der in Verdauung befindlichen Pflanzenkost der Rinder enthält, ist für jeden Hund ein wertvolles Zufutter.

Am praktischsten, sauber und mit geringem Aufwand kann man füttern, indem man alle möglichen Fleischsorten in größeren Mengen einkauft (z. B. Suppenfleisch vom Rind, Kopffleisch, Herz, Niere, Leber, Pansen, Euter, Lunge, Milz, Geflügelklein usw.), kleinschneidet, vermischt und portionsweise einfriert.

Heute gibt es in den meisten Städten und auf den Schlachthöfen Fachgeschäfte für tiefgefrorenes Hundefrischfleisch, das auch in kleine Portionen abgepackt ist, was die Arbeit wesentlich erleichtert und für einen Hund, gar einen kleinen Sheltie, sehr viel lohnender ist. Tiefgefrorenes Fleisch nur vollständig aufgetaut und handwarm reichen. Auch Kühlschranktemperatur ist noch zu kalt und führt zu Durchfall.

Unter **Getreidekost** fallen brauner ungeschälter Reis, Haferflocken, altbackenes Vollkornbrot, Graupen, Nudeln, Hundekuchen und Flocken als Beifutter (Vorsicht – nicht verwechseln mit Vollnahrung in Flockenform, die Fleisch enthält!). Der Hund kann pflanzliche Kost nur aufgeschlossen verdauen, das ist bei Haferflocken, Vollkornbrot, Nudeln und den Fertig-Beifutterflocken der Fall. Alle anderen Getreideprodukte müssen hitzebehandelt werden, um die für den Hund unverdauliche Zelluloseschale aufzusprengen.

Gemüsefütterung ist auch für den Hund gesund (mit Ausnahme der blähenden Sorten). So trägt beispielsweise Knoblauch zur Verbesserung der Darmflora bei. Brühen Sie die ungewürzten Gemüsereste ab, schneiden Sie sie klein und mischen Sie sie unters Futter.

Im Fleisch und besonders in Fisch ist verhältnismäßig viel Phosphor, jedoch wenig Kalzium enthalten. Deshalb müssen Sie bei Frischkost zusätzlich Kalzium und Vitamine, vor allem aus dem Vitamin-B-Komplex (am besten über Hefeflocken) reichen; bei Mineralstoff-Vitamin-Präparaten deshalb auf ein möglichst weites Kalzium/Phospor-Verhältnis achten (mind. 2:1). In der fertigen Nahrung ist das optimale Verhältnis von Kalzium und Phosphor 1,2 Teile Kalzium und 1 Teil Phosphor.

Vorsicht, viele Vitamin-Präparate enthalten – wenn man nach der Gebrauchsanweisung dosiert – zuviel Vitamin D und Vitamin A; die durch eine solche Überdosierung hervorgerufene Knochenerkrankung ist dieselbe wie bei der Phosphorüberdosierung. (Vitamin-A-Bedarf 220/E beim wachsenden, 110/E beim erwachsenen Hund, Vitamin-D-Bedarf 22/E bzw. 11/E pro kg Körpergewicht am Tag).

Einmal in der Woche, jeweils an einem anderen Tag, geben Sie einen Eßlöffel Distelöl (Sheltie 1 Teelöffel), reich an ungesättigten Fettsäuren (im Reformhaus erhältlich), einen Becher geschmacklosen Joghurt oder Hüttenkäse und ein Eigelb unters Futter. Bierhefe liefert u. a. alle Vitamine aus dem Vitamin-B-Komplex und sorgt für schönes Haar. Ein Überschuß an Vitamin B wird ausgeschieden und richtet keinen Schaden an.

Mit oben beschriebener Kost dürfte Ihr Hund alles bekommen, was er braucht und bestens gedeihen. Bei einigen Hunden kann der Stoffwechsel so veranlagt sein, daß trotz abwechslungsreicher Kost Mangelerscheinungen auftreten. Experimentieren Sie nicht, lassen Sie den Mangel vom Tierarzt feststellen und beheben.

Fertigfutter

Fertigfutter enthält alles, was ein Hund braucht, es ist einfach zu füttern und in größeren Mengen gut zu lagern. Wenn Ihr Welpe vom Züchter her ein bestimmtes Fertigfutter kannte, behalten Sie es bei. Füttern Sie dieselbe Marke über längere Zeit hinweg, ein Hund braucht keine geschmackliche Abwechslung. Wenn Sie hingegen dauernd die Marke wechseln, dürfen Sie sich nicht wundern, wenn Ihrem Hund das nicht bekommt und er mit Durchfall reagiert. Da nicht jeder Hund jedes Futter für seine Bedürfnisse gleich gut auswertet und nicht alle Fertigfutter die gleiche Qualität haben, können Sie nach längerem Füttern eines Produktes auf ein anderes übergehen.

Die Mindestanforderungen für Fertigfutter wurden von der »National Academy of Sciences« in Amerika erforscht und festgelegt:

22,0 % Rohprotein (Eiweiß)
5,0 % Rohfett
1,1 % Kalzium
0,9 % Phosphor
50,0 % Kohlenhydrate (Getreidekost)
(bezogen auf die Trockenmasse)

Fertige Futtermittel können auf Reisen sehr praktisch sein, weil man sie überall bekommt. Probieren Sie aus, ob Ihr Hund mit Durchfall reagiert oder ob ihm dieses Futter zwischendurch eine willkommene Abwechslung ist.

Es gibt viele gute Flocken- und Preßfuttersorten, die trocken, in Brühe oder warmes Wasser eingeweicht, gefüttert werden (entsprechend den Verpackungshinweisen). Halten Sie sich bei der Futtermenge zunächst an die Angaben des Herstellers. Da diese das Futter meist zu

reichlich bemessen, passen Sie die Menge dem Bedarf Ihres Hundes an, wenn er zu dick oder zu mager dabei wird.

Mit Ausnahme von im Wachstum befindlichen Hunden, tragenden und säugenden Hündinnen sowie stark beanspruchten Deckrüden brauchen Sie bei Vollnahrung kein Fleisch zusätzlich zu füttern. Das gleiche gilt für die Kalzium- und Vitaminpräparate. Anhand aufwendiger Forschungen wurde festgestellt, was ein gesunder, erwachsener Hund braucht, und all diese Nährstoffe, Minerale und Vitamine sind im Fertigfutter enthalten. Wenn Sie nun in großen Mengen Fleisch oder Vitaminpräparate zusätzlich füttern, zerstören Sie das wertvolle Gleichgewicht dieser Stoffe. Eiweißüberschuß zeigt sich u. a. in nässenden und schwer ausheilenden Ekzemen, die vor allem bei unseren Hunden schreckliche Auswirkungen haben, weil sie im dichten Fell manchmal erst spät erkannt werden.

Da viele Fertigfutter einen Mangel an ungesättigten Fettsäuren aufweisen, ist es ratsam, über die Woche verteilt einen Eßlöffel Distelöl (Sheltie 1 Teelöffel) hinzuzugeben.

Allgemeine Hinweise

Essensreste sind kein Hundefutter. Ein Hund kann auf Dauer davon nicht gesund bleiben. Bei eigener Zubereitung von Hundekost, die zum überwiegenden Teil aus Getreide besteht, gelegentlich eine Prise Salz, aber keine Gewürze verwenden.

Erwachsene Hunde können Kuhmilch nicht mehr verdauen und bekommen Durchfall. Statt Milch daher Quark (ebenfalls sehr eiweißreich) oder Joghurt geben; der unverdauliche Milchzucker ist darin bereits umgesetzt. Käse ist für viele Hunde ein Leckerbissen und eignet sich gut als Belohnungshappen. Er schadet dem Geruchsinn nicht, ist aber kein eigentliches Nahrungsmittel.

Wasser steht – unerläßlich bei Trockenfütterung! – immer frisch und reichlich zur Verfügung. Nach dem Fressen und nach Spaziergängen lassen Sie den Hund aber nur jeweils kleine Mengen auf einmal trinken.

Zubereitetes Futter immer handwarm reichen! Tiefkühlkost muß durch und durch erwärmt sein.

Richten Sie die Fütterungszeiten nach Ihrem Tagesablauf, denn entsprechend muß der Hund Gassi gehen. Wichtig ist nur, daß feste Zeiten eingehalten werden. Die Hauptmahlzeit am Abend hat sich gut bewährt.

Wieviel ein Hund frißt, sollten Sie selbst ausprobieren. Man sagt, was er nicht zügig in zehn Minuten aufgegessen hat, war zuviel. Ist der Napf schneller leer und der Hund blickt sich suchend um, war es zuwenig. Es sei denn, Ihr Hund kennt nur eine Leidenschaft – Fressen – und würde nie mehr aufhören und fett werden. Die Futtermenge ist von Hund zu Hund verschieden und hängt von seinem Stoffwechsel ab, wieviel Bewegung er hat etc. Daher müssen Sie ausprobieren, bei welcher Menge Ihr Hund die beste Kondition hat.

Die richtige Kondition hat ein Hund dann, wenn Sie die Wirbelsäule und die Hüftknochen gerade noch fühlen können; die Rippen dürfen von einer dünnen Muskelschicht bedeckt, müssen bei kräftigem Nachfassen aber fühlbar sein. Haben Sie sofort Knochen in der Hand, ist er meiner Meinung nach zu mager. Doch es gibt viele magere Hunde, die bei bester Gesundheit mit schönstem Haarkleid leben. Tierärzte sehen die Hunde lieber magerer als zu fleischig. Zuviel Fett ist in jedem Fall ungesund.

Futterreste werden weggeworfen, da sie rasch säuern und zu Magenverstimmungen führen. Nach jeder Mahlzeit wird der Futternapf gespült.

Knochen sind kein Hundefutter. Gekocht oder gebraten splittern sie und können den Hund im Schlund- und Magenbereich verletzen, aber auch kleingehackte Röhrenmarkknochen können lebensgefährlich werden, wenn sie sich über Kiefer und Zunge stülpen. Hunde lieben Knochen, und wären sie so tödlich, wie manche es darstellen, wären Hunde längst ausgestorben. Geben Sie aber nur vollständige, am besten dicke Oberschenkelknochen vom Kalb, und nur unter Aufsicht. Bei mehreren Hunden sind herumliegende Knochen oft Anlaß heftiger Streitereien. Zu viele Knochen führen zu hartem, bröckeligem, weißem Stuhl, der dem Hund große Qualen bereitet. Zum Reinigen und Kräftigen des Gebisses eignen sich ebensogut Büffelhautknochen, getrocknete Ochsenziemer etc., die keinerlei Risiken bergen.

Bei schlechten Fressern und konditionsschwachen Hunden füttern Sie lieber mehrmals täglich kleine Portionen. Dies gilt auch bei alten Hunden. Bis der Hund ein Jahr alt ist, behalten Sie die tägliche Kalzium-Vitamingabe bei, die dann auch wieder der alte Hund bekommt (bei Frischfütterung muß Kalzium *immer* gegeben werden).

Damit es keinen Streit gibt, bekommt jeder der 6 Wochen alten Colliewelpen seinen Hundekuchen.

Fütterungsan-leitung für junge Hunde

Welpen bekommen ab der 8. Woche vier Mahlzeiten am Tag.

Morgens: Flocken mit Milch (Welpenaufzuchtmilch)
Mittags: Reichlich verschiedene Fleischsorten (gehackt oder in kleine Würfel geschnitten), etwas Getreidekost, dazu Kalzium-Vitaminpräparat (Menge lt. Herstellerangaben).
Nachmittags: Flocken mit Milch (s. morgens) und 3 Eßlöffel (für Sheltie 1 Eßlöffel) Magerquark.
Abends: Fleisch und Getreidekost wie mittags.

Heute gibt es hervorragende fertige Welpenaufzuchtfutter, die Ihnen viel Mühe abnehmen und trotzdem eine einwandfreie Entwicklung des Welpen gewährleisten. Wenn Sie sich jedoch zur Fertigfütterung entschließen, dann halten Sie sich bitte an die Angaben des Herstellers und experimentieren Sie nicht mit Zusatzmitteln wie Kalk, Vitamintabletten usw. herum. Die vom Hersteller wissenschaftlich ausgeklügelte Zusammensetzung des Fertigfutters würde dann hinfällig. Ihr Hund kann erhebliche Wachstumsstörungen erleiden, wenn die Zusammensetzung des Futters nicht stimmt. Bitte werden Sie nie ungeduldig und glauben, etwas tun zu müssen, nur weil Sie nicht sehen, was alles im Fertigfutter drinsteckt! Hier werden immer wieder Fehler begangen, die der Gesundheit und dem Wachstum des Hundes erheblich schaden.

Welpen sollen sich sattfressen, aber nicht überfressen. Ihr Junghund muß bei jeder Mahlzeit hungrig sein und sie zügig aufessen. Allmählich läßt der junge Hund die eine oder andere Mahlzeit aus und pendelt sich meist im 4. bis 7. Monat von allein auf drei Mahlzeiten, im 8. bis 12. Monat auf zwei Mahlzeiten ein.

Die Gesundheit

Es empfiehlt sich, den neuerworbenen Hausgenossen gleich einem Tierarzt vorzuführen. Er untersucht, ob der Welpe gut ernährt und gesund ist, ob das kleine Kerlchen Würmer hat. Er gibt Anleitungen zur Krallen- und Ohrenpflege und nimmt gegebenenfalls die notwendigen Nachimpfungen vor. Der erste Kontakt mit dem Tierarzt sollte nicht erst dann geknüpft werden, wenn der Hund krank ist.

Scheint der Hund unlustig, will er nicht fressen, verhält er sich auch sonst anders als üblich, so können dies Anzeichen einer Krankheit sein. Messen Sie im After die Temperatur (Thermometerspitze einfetten). Die Messung wird nach einigen Stunden wiederholt. Liegt sie auch dann noch höher als 38,8° (normal sind 38,0° bis 38,6°) und zeigt der Hund gar irgendwelche Hautunreinheiten oder Ausflüsse aus Augen und Nase, wenden Sie sich sofort an den Tierarzt.

Es ist billiger und besser, mehrmals vorbeugend zum Tierarzt zu gehen, als nachher eine langwierige Behandlung durchstehen zu müssen. Niemals »kuriert« man selbst am Hund herum, auch nicht, wenn Ihnen »erfahrene« Hundehalter gute Ratschläge erteilen. Niemals wird ein Hund mit einem Hausmittelchen oder gar mit Medikamenten aus der Humanmedizin behandelt, wenn das nicht ausdrücklich vom Tierarzt angeraten wurde. Was für uns heilend ist, kann für den Hund tödlich sein.

Hunde im höheren Alter sind allgemein anfällig für Nierenerkrankungen. Empfehlenswert ist es, einmal jährlich den Urin untersuchen zu lassen. Auf diese Weise können Krankheiten früher erkannt und behandelt werden.

Schutz- impfungen

Erfreulicherweise gibt es heute gegen die schweren ansteckenden Hundekrankheiten, die noch vor wenigen Jahrzehnten eine Geißel für Hundefreunde waren, zuverlässige Schutzimpfungen: gegen Staupe, Hepatitis (ansteckende Leberentzündung), Stuttgarter Hundeseuche (Leptospirose), Tollwut und seit einigen Jahren auch gegen Parvovirose und Zwingerhusten.

Bis etwa zur 7. bis 9. Woche genießt der Welpe Impfschutz durch die Muttermilch – vorausgesetzt, die Hündin wurde geimpft. Deshalb erhalten die Welpen in der 6. Woche die

Impfkalender

	6. Wo.	8.-10. Wo.	ab 12 Wo.	Wiederholung
Parvovirose	(X)	X	X	jährlich
Staupe	–	X	X	alle 2 Jahre oder jährlich
Hepatitis c.c.	–	X	X	alle 2 Jahre oder jährlich
Leptospirose	–	X	X	jährlich
Tollwut	–	(X)	X	jährlich

erste Grundimpfung gegen Parvovirose und in der 8. Woche gegen Staupe, Hepatitis und Leptospirose (SHL). Die zweite Grundimpfung erfolgt zwischen der 12. und 14., gegen Parvovirose in der 15. bis 16. Woche. Je nach Impfstoff kann gegen Parvo in der 8. Woche zusammen mit SHL geimpft werden (SHLP).

Zusätzlich wird gegen Tollwut geimpft. Nach neuesten Forschungsergebnissen sollen die Impfungen beim erwachsenen Hund jährlich wiederholt werden. Wichtig ist, daß der Welpe zum Zeitpunkt der Impfungen vollkommen gesund und frei von Würmern und Ungeziefer ist, wenn die Impfungen anschlagen sollen. Deshalb eine Kotprobe zum Tierarzt bringen, der dann auch Würmer erkennen kann, die mit dem bloßen Auge nicht zu sehen sind.

Vergiftungen

Leider kommen durch unsere verseuchte Umwelt Vergiftungen immer häufiger vor. Die Symptome einer Vergiftung sind so vielfältig wie ihre Ursachen. Bei ungewöhnlichem Verhalten, Teilnahmslosigkeit, Erbrechen, Speicheln, Krämpfen, schwerem Durchfall, Blutungen unbedingt den Tierarzt aufsuchen. Es wäre gut zu wissen, was ein Hund in welcher Menge aufgenommen hat, damit der Tierarzt sofort das richtige Gegenmittel anwenden kann. Doch leider weiß man das in den seltensten Fällen. Vergiftungen verlaufen daher fast immer tödlich oder richten schwere Dauerschäden an.

Häufig sind Vergiftungen durch Pflanzenschutzmittel (z.B. »Schnekkenkorn«), Düngemittel, Frostschutzmittel (Glysantin), bei denen wenig Überlebenschancen bestehen. Immer wieder hört man von Dicumarol-Vergiftungen. Dicumarol verhindert die Blutgerinnung und wird zur Rattenbekämpfung verwendet. Müdigkeit, blasse Lefzen und Augenlider, Blutungen aus dem Darm, dem Harnapparat, blutiges Erbrechen deuten darauf hin. Sofortige Behandlung mit Vitamin K hilft, so daß eine sehr große Überlebenschance ohne Folgeschäden besteht.

Hautunrein-heiten

Man erkennt sie im Frühstadium schon daran, daß an Stellen, an denen sich der Hund kratzt und leckt, das Haar nicht unmittelbar in seine natürliche Lage zurückfällt. Auch bei häufigem Kratzen des Hundes ohne sichtbaren Grund sollte man den Tierarzt aufsuchen, da es sich um eine Pilzerkrankung oder Milben handeln kann, die nur unter dem Mikroskop bzw. durch Gewebeproben zu erkennen sind.

Bestehen Sie gleich zu Beginn der Behandlung auf einer solchen Untersuchung und probieren nicht auf gut Glück irgendwelche Medikamente aus. Das kann u. U. teurer und für den Hund schlimmer werden! Leider sind Hautprobleme bei allen Hunderassen heute stark verbreitet.

Ekzeme können auf Allergien, Flöhen, Hormonstörungen oder Eiweißüberschuß und vielen anderen Ursachen beruhen und gehören daher sofort in die Behandlung des Tierarztes.

Durchfall

Er ist häufig ernährungsbedingt und oft durch einen Fastentag bei schwarzem Tee, der notfalls eingeflößt werden muß, behoben. Bei anhaltendem Durchfall jedoch, bei Blut im Stuhl, gar zusammen mit anderen Anzeichen von Unwohlsein, sofort den Tierarzt aufsuchen!

Magen-drehung

Auch beim Collie kommt gelegentlich die gefürchtete Magendrehung, die man früher nur bei großen Hunderassen anzutreffen schien, vor. Dabei bläht sich der Magen durch Gase auf und dreht sich schließlich um die eigene Achse, Magenein- und -ausgang sind verschlossen. Die Hunde zeigen hinter den Rippenbögen ein- oder beidseitige Verwölbungen, gespannte Bauchdecke, erschwerte Atmung, sie sind unruhig, setzen sich z. T. auf die Hinterhand und zeigen gelegentlich Würgeerscheinungen.

Erkennt man die Blähung rechtzeitig, kann der Tierarzt durch Ablassen der Gase helfen. Bei der Magendrehung hilft nur sofortige Operation, doch durch den Kreislaufschock sind die Rettungschancen eher gering. Vorbeugend soll es nützlich sein, Hunden mehrmals täglich kleinere Portionen einwandfreies, gut eingeweichtes, nicht suppiges Futter zu reichen und nach dem Fressen Springen und Toben zu vermeiden.

Schein-schwanger-schaft

Die scheinträchtige Hündin zeigt alle Symptome einer Trächtigkeit, sie »baut« ein Wurflager und sammelt »Welpen« in Form von Spielzeug um sich herum, sie kann sogar Milch geben. Bis vor kurzem betrachtete man die Scheinträchtigkeit als Hormonstörung.

Tatsächlich ist sie eine sinnvolle Einrichtung der Natur, denn im Wolfsrudel darf nur die Alphahündin, die beste und stärkste des Rudels, werfen. Um die Aufzucht der Jungen unter allen Umständen zu garantieren, können andere weibliche Tiere aufgrund ihrer Scheinschwangerschaft einspringen oder gar die Mutter ersetzen. Keinesfalls sollte man die Hündin, die zu ausgeprägter Scheinschwangerschaft neigt, hormonell behandeln. Wird ihr Verhalten zu lästig (in seltenen Fällen wird die Hündin sogar aggressiv), sollte man sich eine Kastration überlegen. Ihr einmal einen Wurf zu gönnen, löst das Problem nur in den seltensten Fällen.

Erbkrankheiten

Alle Hunde leiden, ebenso wie wir Menschen, unter Erbkrankheiten. Es ist oberste Aufgabe der Züchter und Zuchtvereine, Erbkrankheiten als solche zu erkennen und ihre Verbreitung durch entsprechende Zuchtmaßnahmen zu vermeiden. Ganz ausrotten kann man sie nie, aber der Züchter muß bestrebt sein, nach bestem Wissen und Gewissen nur mit gesunden Hunden zu züchten, soweit dies für ihn kontrollierbar ist. Auch Collies und Shelties sind nicht verschont. Wir führen im folgenden kurz die wesentlichen Erbkrankheiten an.

CEA (Collie Eye Anomaly)

Die CEA ist eine erbliche Veränderung des Augenhintergrundes. Die Symptome reichen von Veränderungen der Blutgefäße und Pigmentstörungen im Augenhintergrund, die keinen Einfluß auf die Sehfähigkeit haben, bis hin zu tiefen Ausstülpungen, Blutungen im Auge und Netzhautablösung, was mit totaler Blindheit einhergeht. Die CEA verschlechtert sich von Geburt an nicht, nur im Falle starker Ausstülpungen des Augenhintergrundes kann es durch Überbelastung zur Ablösung der Netzhaut kommen.

Es können eines oder beide Augen betroffen sein. Man kann dem Hund den CEA-Befall nicht ansehen. Die Schwierigkeit, schnell gesunde Hunde durch die Verpaarung gesunder Hunde zu erreichen, liegt in den sog. »go normals«. Es handelt sich um die leichte Form, den Pigmentverlust des Augenhintergrundes, der schon beim älteren Welpen vergeht, wodurch das Auge normal erscheint. Tatsächlich ist der Hund jedoch Erbträger, obwohl das Auge selbst gesund ist. Wird ein Welpe darum nicht so früh wie möglich untersucht, weiß man nie, ob das normale Auge auch erblich normal ist.

Die CEA kommt bei einem großen Prozentsatz aller Collies und Shelties in aller Welt vor. Die schweren Krankheitsbilder sind jedoch sehr selten. Deshalb kann man einen leichten Befall sowohl als Hundehalter als auch als Züchter akzeptieren. Jeder Züchter sollte seine Hunde untersuchen lassen, damit er nicht zufällig einen Hund zur Zucht benutzt, der einen schweren Defekt hat und vererbt.

Hunde mit schwerer CEA gehören selbstverständlich nicht in die Zucht, auch sollte man anstreben, daß wenigstens ein Zuchtpartner frei ist. Schon 6 bis 7 Wochen alte Welpen können ohne Schmerzen und Aufwand untersucht werden. Fragen sie beim Kauf nach dem Augenstatus der Eltern und Welpen.

PRA (Progressive Retinal Atrophy)

Die PRA ist eine weit ernster zu nehmende Erkrankung. Diese Progressive Netzhautatrophie (fortschreitende Rückbildung der Netzhaut) ist auch beim Menschen bekannt. Das große Problem besteht darin, daß sie erst im fortgeschrittenen Alter einsetzen kann, so daß Zuchttiere eigentlich jedes Jahr erneut untersucht werden müßten. Heute gilt ein Attest erst endgültig, wenn der Hund bei der Untersuchung wenigstens 5 Jahre alt ist.

Glücklicherweise kommt diese Netzhautrückbildung bei unseren Rassen selten vor. Sollte aber ein Hund in den besten Jahren erblinden, ist es für den Züchter sehr wichtig, davon zu erfahren, vor allen Dingen aber eine eindeutige Diagnose zu bekommen, um sein Zuchtprogramm zu planen.

Selbstverständlich darf mit einem PRA-kranken Hund nicht mehr gezüchtet werden. Auch die PRA ist mit bloßem Auge nicht festzustellen.

CEA und PRA sind nicht heilbar.

HD (Hüftgelenkdysplasie)

Die HD ist eine bei Menschen und Hunden weit verbreitete Krankheit, die neben der erblichen Veranlagung auch stark von Aufzucht und Haltung beeinflußt werden kann.

Zuchttiere des Clubs für Britische Hütehunde und des Deutschen Collie Clubs müssen vor der Zuchtzulassung eine Röntgendiagnose vorweisen, die von einem unabhängigen Tierarzt (Gutachter) ausgewertet und

A) *Normales Hüftgelenk eines HD-freien Hundes bei gestreckten Hinterläufen.*

B) *Mittelschwere HD; deutlich sichtbare Veränderungen an Gelenkpfanne und Oberschenkelkopf.*

C) *Schwere HD; die stark abgeflachten Gelenkpfannen und stark veränderten Gelenkköpfe rufen schmerzhafte Verrenkungen (Luxationen) hervor.*

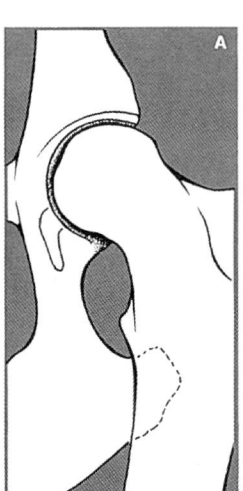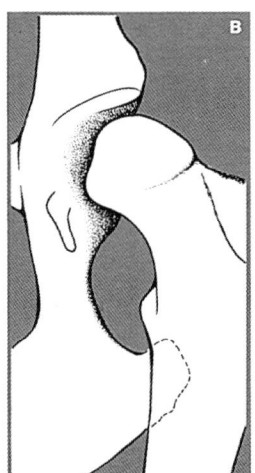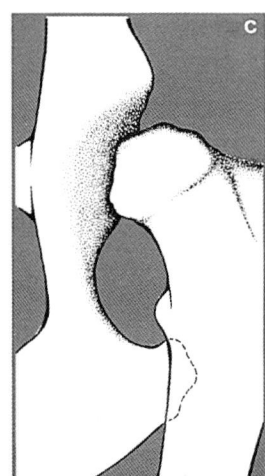

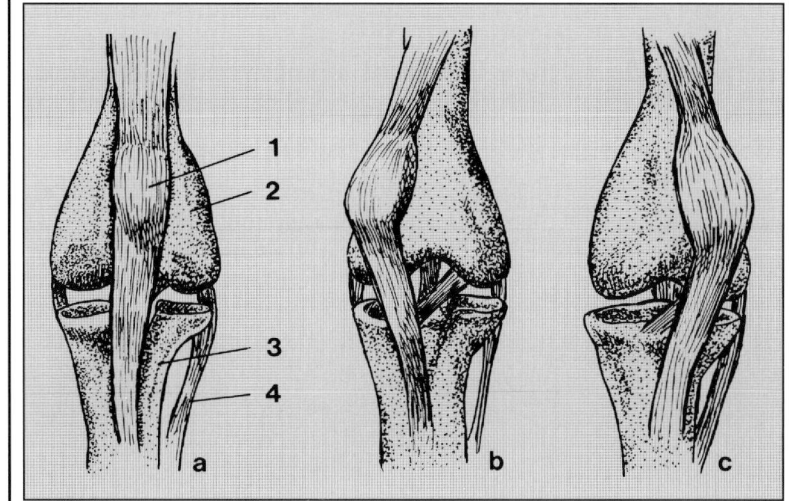

Kniescheibenluxation (Patellaluxation):
1 *Kniescheibe,*
2 *Oberschenkelknochen,*
3 *Schienbein,*
4 *Wadenbein.*
a) *normale Stellung der Kniescheibe,*
b) *Verlagerung der Kniescheibe nach innen und*
c) *nach außen.*

nach dem Schweregrad der Erkrankung in A = frei, B = Verdacht, C = leichte, D = mittlere, E = schwere HD eingestuft wird. Gezüchtet werden darf nur mit A, B und C, wobei ein leicht befallener Hund nur mit einem freien gepaart werden darf.

HD ist eine Fehlbildung des Hüftgelenks, bei der Oberschenkelkopf und Hüftgelenkspfanne nicht mehr richtig zusammenpassen, in schweren Fällen renkt sich das Gelenk aus und es bilden sich schmerzhafte Arthrosen. Die Diagnose kann nur durch eine Röntgenaufnahme der Hinterläufe bei Vollnarkose in vorgeschriebener Position im Alter von über 12 Monaten erfolgen.

Vielleicht weil der Sheltie klein und relativ leicht ist, hat er das Glück, nur geringfügig von HD befallen zu sein. Seit der Röntgenpflichteinführung 1989 stellte sich heraus, daß über 90 % der ausgewachsenen Shelties frei (A1/A2) von Hüftgelenksdysplasie oder verdächtig (B1/B2) sind – ein erfreulich positives Ergebnis für die Rasse.

Patella-Luxation

Die Kniescheibenverrenkung kommt beim Sheltie ab und zu vor. Eine erbliche Disposition ist nicht auszuschließen. Die Kniescheibe (Patella) gleitet dabei über den Rollhöcker aus ihrer eigentlichen Position. Sie kann so ausgerenkt verbleiben (stationär) oder von selbst wieder in die normale Ausgangslage zurückkehren (habituell), wobei manchmal ein einschnappendes Geräusch zu hören ist. Das Ein- und Ausrenken kann sich in unterschiedlichen Zeitabständen wiederholen. Mitunter kommt es zu einem kurzen Schmerzenslaut und zeitweiligem Humpeln, was sich bei Bewegung noch verstärkt. Eine medikamentöse Behandlung kann Besserung bringen, dauerhafte Heilung verspricht nur die Operation.

Kryptorchismus

Beim Kryptorchismus liegen ein oder beide Hoden nicht im Hodensack, sondern in der Bauchhöhle oder im Leistenkanal. Nur sehr wenige Shelties haben die Hoden mit acht Wochen bereits im Hodensack. So kommt es recht oft vor, daß Rüdenwelpen verkauft werden, deren Hoden noch nicht vollständig abgestiegen sind. Daraus können sich, falls der neue Besitzer nicht informiert wurde, Rechtsstreitigkeiten ergeben.

Selbst wenn der Züchter (durch den Zuchtwart oder den impfenden Tierarzt bestätigt) eine Bescheinigung aufweisen kann, daß die Hoden fühlbar sind, muß dies nicht zwangsläufig bedeuten, daß der Hodenabstieg vollständig abläuft. Nicht selten wandert der Hoden, bedingt durch eine hormonelle oder mechanische Störung (z. B. zu kurze Samenstränge), nur ein Stück und bleibt dann sozusagen »auf halber Strecke« liegen.

Will man einen Ausstellungs- und Zuchtrüden erwerben, muß man sich beim Kauf vergewissern, daß beide Hoden im Hodensack sind. Die meisten Sheltierüdenwelpen sind mit drei bis sechs Monaten komplett. Manche Linien brauchen länger als andere, doch nach neun Monaten würde ich die Hoffnung aufgeben, besonders da Kryptorchismus erblich ist.

Manche Tierärzte empfehlen für »Spätzünder« Hormoninjektionen. Auch wenn sie eventuell geholfen haben, bleibt stets das ungute Gefühl, daß man das Problem nur auf die folgende Generation verschoben hat. Kryptorchismus kommt beim Sheltie relativ häufig, d. h. in fast jeder Linie vor. Rüden, die einen verborgenen und einen abgestiegenen Hoden besitzen, können zeugungsfähig sein, dürfen in Deutschland aber nicht ausgestellt und für die Zucht verwendet werden. Im höheren Lebensalter können nicht abgestiegene Hoden manchmal zu einer geschwulstigen Entartung führen, so daß sie operativ entfernt werden müssen.

Tränende Augen

Tränende Augen können durch Erbkrankheiten wie Distichiasis (= angeborene Wimpernreihenverdoppelung – kann bei Collie und Sheltie vorkommen), Entropium (= Einwärtsrollen des Lidrandes mit Verengung der Lidspalte) oder Ektropium (Auswärtsdrehen des freien Lidrandes – beides für Collies und Shelties kaum relevant) verursacht werden. Sie können aber auch aufgrund von Bindehautentzündungen (in den meisten Fällen durch Staub oder Fahrtwind und beim Sheltie manchmal durch winzige, entzündlich gerötete Knötchen auf der dem Auge zugewandten Seite der Nickhaut verursacht), Trichiasis (Einwärtsdrehung einzelner oder mehrerer Wimpern), seltener durch blockierte Tränenkanäle entstehen. Tränende Augen sind in jedem Fall, vor allem aber bei den Zobel-weißen und Blue-merles sehr unansehnlich. Lassen Sie die Ursache vom Tierarzt herausfinden und entsprechend behandeln.

Cushing-Syndrome

In den letzten Jahren hört man beim Sheltie gelegentlich von dieser Krankheit (Glukokortikoidüberproduktion). Sie wird durch Tumore oder eine erhöhte Hormonausscheidung der Nebenniere verursacht. Hauptsymptome sind vermehrte Wasseraufnahme und -ausscheidung, allgemeine Schläfrigkeit, gesteigerte Freßlust, der Bauchumfang nimmt stark zu, die Haut sieht papierdünn aus. Ein Nebennierenrindentumor muß entfernt werden, ansonsten muß über Jahre hinweg (evtl. bis ans Lebensende) medikamentös behandelt werden.

Epileptiforme Anfälle

Krampfanfälle kommen bei Hunden relativ häufig vor und können viele Ursachen haben, z. B. starker Wurmbefall bei jungen Hunden, Bleivergiftungen, Gehirntumore, Blutgerinnsel im Gehirn aufgrund von Unfällen u. v. a. Es ist wichtig, die Ursache vom Tierarzt feststellen zu lassen, insbesondere bei einem zur Zucht vorgesehenen Tier. Die Diagnose ist meist sehr schwierig.

Kann keine Ursache gefunden werden, geht man von einer sogenannten »echten« (genuinen) Epilepsie aus, die erblich ist und auch beim Collie und Sheltie familiengehäuft anzutreffen ist. Keinesfalls sollte mit einem an Krämpfen leidenden Tier gezüchtet werden. Die Anfälle können, wie beim Menschen, in den meisten Fällen medikamentös unter Kontrolle gehalten werden.

Bauchspeicheldrüsenerkrankungen

Sie kommen gelegentlich vor. Die Hunde magern bei gutem Appetit ab, das Fell wird stumpf, der Stuhlgang fettig, grau und übelriechend. Manche Hunde neigen auch zur Nervosität und Überaktivität. Zeigt ein Hund solche Symptome, weisen Sie den Tierarzt ruhig auf die Möglichkeit einer Bauchspeicheldrüsenerkrankung hin. Man kann sie recht gut diagnostizieren und behandeln.

Collie Nose (Nasale solare Dermatitis)

Die in der Literatur häufig beschriebene Krankheit, bei der die Nasenspitze Pigment verliert und schließlich aufbricht und abschuppt, habe ich in den 30 Jahren, in denen ich mich mit Collies befasse, nur zweimal gesehen. Ganz sicher kann man nicht von einer häufig auftretenden Krankheit sprechen. Da sie aber nun »Collie Nose« heißt, erwähne ich sie. Die genaue Ursache ist unbekannt, eine genetische Veranlagung ist möglich. Sie wird durch Sonneneinwirkung ausgelöst oder verschlimmert.

In letzter Zeit hört man häufig von **Immunschwächen** – leider nicht nur bei Hunden –, die sich auch vererben können. Ein Grund mehr, Hauterkrankungen sehr genau diagnostizieren zu lassen! **Allergien** stellen ein zu umfangreiches Feld dar, um sie hier abzuhandeln. Sie gehören ohnehin in die Hand des Tierarztes.

Parasiten

Jeder noch so gepflegte Hund hat irgendwann in seinem Leben Würmer und Ungeziefer.

Würmer: Besonders anfällig dafür sind Welpen. Am häufigsten kommen Spulwürmer, gelegentlich Band-, Peitschen- und Hakenwürmer vor.

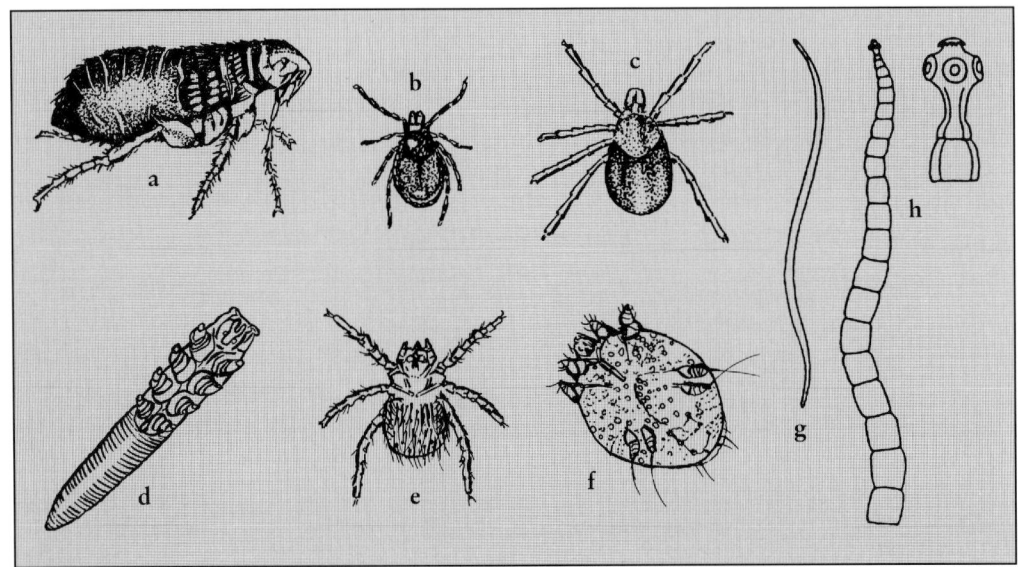

Äußere und innere Parasiten des Hundes:
a) *Hundefloh (2–3,5 mm),* **b)** *Zeckenmännchen und* **c)** *-weibchen (einige mm),* **d)** *Haarbalgmilbe (0,3 mm),* **e)** *Herbstgrasmilbe (0,2–0,5 mm),* **f)** *Grabmilbe (0,4 mm),* **g)** *Spulwurm,* **h)** *Bandwurm mit Kopf.*

Spulwürmer kann man in Kot und Erbrochenem finden, Bandwurmglieder im Kot oder am After klebend, Peitschen- und Hakenwürmer sind nur unter dem Mikroskop sichtbar.

Erwachsene Hunde leiden seltener unter starkem Wurmbefall. Glanzloses Haar und verschleimte Augen sind oft ein Hinweis auf diese ungebetenen Gäste. Jährlich sollte mindestens eine Wurmkur vorgenommen werden. Der Tierarzt kann anhand von Kotuntersuchungen feststellen, ob und welche Würmer vorhanden sind und danach die Behandlung ausrichten. Da die üblichen Wurmpasten meist nur gegen Spulwürmer helfen, stets zum Tierarzt gehen!

Ungeziefer: Im Sommer leiden Hunde oft unter Zecken, Flöhen und Milben. Läuse kommen relativ selten vor. Schützen Sie Ihren Collie oder Sheltie zumindest während der Sommermonate mit einem »Anti-Flohhalsband«, das etwa drei bis sechs Monate lang Ungezieferbefall wirk-

sam verhindert und auch das Hundebett mit schützt. Hat Ihr Hund trotzdem einmal Flöhe »aufgeschnappt«, gibt es viele wirksame Mittel dagegen (erhältlich im Zoofachhandel und beim Tierarzt). Da sich Flöhe schubweise in Ritzen und Ecken entwickeln, ist eine Langzeitbehandlung erforderlich, die die Umgebung des Hundes mit einschließen muß.

Zecken bohren sich in die Haut und saugen sich voll Blut, bis sie wie dicke graue Erbsen aussehen. Mit der im Zoofachhandel erhältlichen Zeckenzange kann man die Quälgeister mühelos entfernen. Sie gehört unbedingt ins Urlaubsgepäck!

Von den Milben gibt es verschiedene Arten, am häufigsten sind Milben im äußeren Gehörgang (Ohrmilben) oder an Pfoten und Läufen (Grasmilben). Andere Arten befallen die Haut und können Ekzeme und unerträglichen Juckreiz hervorrufen. Hier hilft nur eine rasche Behandlung durch den Tierarzt.

12

Die Erziehung

Collies und Shelties sind sensible Tiere, die auf jede Gefühlsregung ihres Besitzers reagieren. Sie sind vollkommen abhängig von ihm und auf ihn fixiert. Eine gewisse Unterordnungsbereitschaft und Unterwürfigkeit ist ihnen eigen und beruht auf ihrem ursprünglichen Lebenszweck. Der schottische Hütehund, ob Collie oder Sheltie, arbeitete eng mit dem Schäfer zusammen und mußte auf Fingerzeig zuverlässig gehorchen. Ging er gegen die Order eigene Wege oder gehorchte nicht sekundenschnell, selbst außerhalb des Einwirkungsbereiches des Schäfers, war er unbrauchbar.

Unsere Hunde brauchen deshalb dringend eine liebevolle, aber konsequente Führung. Ich bin sicher, daß viele Collies und Shelties, die ein unsicheres, nervöses Wesen zeigen, einfach darunter leiden, daß sie keine Aufgabe und keine Führung haben.

Als in den 70er Jahren der Wesenszustand aufgrund von Zuchtfehlern beim Collie so schlecht war und gleichzeitig TRUMLER seine Theorie, das meiste Verhalten sei erworben, nicht angeboren, veröffentlichte, glaubten viele Züchter und Halter Fehler zu machen, wenn ein Hund ängstlich war. Sie schonten die Hunde vor jeder Umweltunbill, sprachen nur in sanfter Stimme mit ihnen und hat-

ten Angst, einmal erzieherisch durchzugreifen, weil sie fürchteten, der Hund könne verdorben werden. Damit richteten sie jedoch gerade bei einem von seiner Veranlagung her unsicheren Hund großen Schaden an.

Der Hundehalter muß mit gutem Vorbild vorangehen, muß unbekümmert sein und nicht nervös verkniffen, aus Sorge, sein Hund könnte sich in bestimmten Situationen fürchten. Man muß den Hund auch mal zwingen, seine Angst zu überwinden und ihn nicht durch unendlich geduldiges gutes Zureden verunsichern. Viele Leute beruhigen den ängstlichen Hund mit zärtlicher Stimme. Vorsicht! Man soll ihn für solches Verhalten nicht noch loben.

Kommt ein Junghund in die ab ca. fünf Monaten übliche Vorsichtsphase, gehen Sie gar nicht darauf ein. Vermeiden Sie es, den Hund nun erst recht an all das gewöhnen zu müssen, vor dem er gerade Angst hat. In dieser Entwicklungsphase kann man genau das Gegenteil erreichen. Er wird, wenn er von seiner Veranlagung her in Ordnung ist, seine Vorsicht wieder ablegen.

Unterstützt wird die Problematik dadurch, daß sich Collie und Sheltie in der Regel so nahtlos in die Familie und das tägliche Leben einfügen, von sich aus den Kontakt mit dem Menschen suchen und schnell lernen, daß man oft das Gefühl hat, der Hund brauche gar nicht erzogen zu werden. Aber die Erziehung ist wichtig für die Psyche unserer Hunde, die einen Rückhalt, einen Führer brauchen, um sich entfalten zu können.

Erst wenn man Collie und Sheltie fordert, indem man ihnen allerlei beibringt und Unterordnungsübungen durchführt, erkennt und fördert man den wahren Charakter seines Hundes. Er liebt die intensive Beschäftigung mit seinem Menschen, er freut sich mehr als sein Herr, wenn er etwas gut gemacht hat, und er arbeitet gerne. Seine Lernfähigkeit ist erstaunlich – aber nur, wenn wir ihm Gelegenheit geben, sie auch auszubilden.

Der Collie hat schon immer darunter gelitten, daß er schön war und als Dekorationsstück gehalten wurde. Weil er keine Probleme bereitete, wurde er oft als dumm bezeichnet und auch dumm gelassen. Dem Sheltie wird oft seine geringe Körpergröße zum Verhängnis, denn viele Besitzer verhätscheln und verwöhnen ihn und muten ihm keinerlei Aufgaben zu.

Die unendliche Freude und Befriedigung, die das Zusammenleben mit Collie und Sheltie bringt, lernen wir aber erst kennen, wenn wir unseren Hunden die Gelegenheit geben, all ihre Intelligenz und ihre positiven Eigenschaften voll zu entfalten.

Lob

Sie werden schnell selbst feststellen, was Ihrem Hund mehr Freude macht: ein wildes Tobespiel, Ballspielen oder ein Leckerbissen. Wenn Sie wissen, was Ihren Hund am besten motiviert, dann nutzen Sie diese Leidenschaft nur, und immer nur dann, wenn Sie ihn belohnen wollen. Sie erreichen damit bei Ihrem Hund fast alles, was erzieherisch möglich ist.

Strafe

Strafe ist eigentlich kein Wort, das in die Hundeerziehung gehört. Man kommt aber nicht umhin, gewisse Dinge, die der Hund tut, für ihn mit einer unangenehmen Erfahrung zu verbinden, damit er sie künftig unterläßt und lieber das tut, was für ihn mit einem angenehmen Erlebnis verbunden ist. Solche Korrekturen sind aber nur möglich, wenn man ihn unmittelbar bei seinem Vergehen antrifft.

Schlagen hat in der Hundeerziehung keinen Sinn, da es unter Hunden nichts Vergleichbares gibt. Er versteht es nicht. Grobheiten und Strafen, die das Hundegehirn nicht begreifen kann, weil sie erst *nach* den Missetaten erfolgen, die der Hund längst vergessen hat, zerstören nachhaltig das so wichtige Vertrauen in den zweibeinigen Gefährten. Es kann viel Zeit und Mühe kosten, das Vertrauen wiederzuerlangen.

Bei Collie und Sheltie genügt oft schon der tadelnde Ton, und er begreift, daß er etwas verkehrt gemacht hat. Ein Klaps auf den Po ist gelegentlich unumgänglich und wirkt Wunder. Auch bringt das laute Klatschen einer Zeitung auf die Tischkante den Hund vom verbotenen Tun ab. Man braucht nicht zu zimperlich zu sein, auch in der hundlichen Erzie-

Stolz präsentiert diese tricolour Sheltiehündin ihre 4 Wochen alten Enkelkinder. Sie hilft gerne bei der Erziehung und Aufsicht mit.

hund verhalten und die Demutsgeste sofort akzeptieren.

Sollte der Junghund im Flegelalter anfangen, sich mit Zuschnappen gegen Sie aufzulehnen, sei es, daß Sie ihn beim Bürsten ziepen oder einen Kauknochen abnehmen wollen, dürfen Sie sich in keinem Fall erschrocken und ängstlich zurückziehen. Dann hätte er ja erreicht, was er wollte, und Sie würden Ihren Hund nie mehr im Griff haben. Sie glauben nicht, wieviele Leute tatsächlich Angst vor den eigenen Hunden haben und es manchmal gar nicht wissen. Instinktiv meiden sie alle Situationen, in denen sich der Hund auflehnen könnte. Es ist unvermeidlich, daß man dann in den Augen des Hundes irgendwann einen Fehler macht und er uns korrigiert, indem er zuschnappt! Beim Collie und Sheltie kommt dies relativ selten vor, aber man darf solche Situationen gar nicht erst aufkommen lassen.

Machen Sie es wie der Althund: Provozieren Sie gelegentlich den Welpen. Sind Sie auf seine Reaktion gefaßt, können Sie um so schneller reagieren. Wenn der Welpe schon Anzeichen zeigt, sich aufzulehnen, knurrt oder gar die Zähne fletscht, werfen wir ihn ohne Aufhebens auf den Rücken und drücken ihn einfach mit der Hand auf der Brust zu Boden, bis er sich entspannt. So erkennt er, ohne daß wir strafen müssen, daß wir der Rudelführer sind und es auch bleiben wollen.

Wenn Sie von Anfang an so mit dem Hund arbeiten – das Bürsten z. B. bietet diese Gelegenheit fast täglich, wenn wir vom Hund verlangen, daß er entspannt auf dem Rücken liegt und den Bauch darbietet –, wird es nie Probleme geben.

hung kommen launische Ausbrüche des Rudelführers vor, der Junghund schreit auf, wirft sich auf den Rücken, und die Sache ist wieder im Lot.

»Gerechtigkeit« gibt es bei Hunden nicht. Oft provoziert der Althund das Jungtier oder den rangniederen Hund, indem er so tut, als interessiere ihn sein Knochen nicht, und wehe, wenn der andere es wagt heranzugehen. Dann fällt er lautstark über ihn her und zeigt ihm, wer hier das Sagen hat! Dieses Tabuisieren wenden wir täglich im Umgang mit dem Hund an; es ist für ihn ganz normal, daß er seine Grenzen sucht und findet. Wichtig ist, daß wir uns wie ein erfahrener Alt-

Schnappt der Hund ernsthaft zu, schlagen Sie sofort mit der flachen Hand unters Kinn. Das Maul klappt dann wirkungsvoll zu, für den Hund höchst unangenehm. Sie können ihn damit nicht verletzen, aber der Schock ist lehrreich. Solche Erziehungsmaßnahmen allerdings mit dem erwachsenen oder gar fremden Hund zu beginnen, möchte ich dem unerfahrenen Hundehalter nicht empfehlen.

Das so häufig empfohlene Nakkenschütteln habe ich einmal bei meiner mir sehr vertrauten Hündin angewandt – mit schockierendem Mißerfolg, ich habe sie noch nie so verzweifelt kämpfen sehen! Das gab mir zu denken. Ich habe nie eine Mutterhündin ihre Welpen im Nacken schütteln sehen, was mir auch andere Züchter bestätigten. Es wäre auch eine wenig sinnvolle Einrichtung der Natur, wenn man die Hündin ausgerechnet das Totschütteln der Beute für die Erziehung der Welpen anwenden ließe. Der Reflex wäre nur schwer zu kontrollieren und die Gefahr groß, daß sie ihre eigenen Kinder umbringt.

Hunde werfen mit Zähnefletschen und Drohknurren Welpen einfach um, kneifen schmerzhaft zu oder fassen mit der offenen Schnauze über den Fang der Kleinen. Übrigens auch eine gute Erziehungsmaßnahme: einem im Moment unkontrollierbaren Welpen einfach über den Fang zu greifen und den Kopf herunterzudrücken.

Auch wenn Ihnen das Gesagte im ersten Moment seltsam erscheint – wenn Sie ein paar hundliche Verhaltensweisen im täglichen Umgang mit dem Hund berücksichtigen, haben Sie die halbe Erziehung schon in der Tasche! Sie sollten sich unbedingt mit der hervorragenden Literatur über Hunde- und Wolfsverhalten vertraut machen. Sie ist nicht nur ungeheuer lehrreich, sondern hilft Ihnen, Ihren Hund zu verstehen und ihn mit doppelter Freude, aber auch Achtung, zu genießen.

»Aus!«

Die unverzügliche Befolgung des »Aus!« kann lebensrettend für Ihren Hund sein, wenn er etwa beim Spaziergang etwas aufgenommen hat, das möglicherweise giftig ist. Üben Sie dies schon mit dem kleinen Welpen, z. B. wenn er mit etwas spielt oder an einem Büffelhautknochen knabbert. Sagen Sie »Aus!« und halten Sie die Hand hin, damit er den Gegenstand abgibt, was er natürlich nicht tut. Nehmen Sie den Gegenstand aus seinem Fang; wenn er knurrt, »Pfui!« und aus-dem-Fang-Nehmen.

Hat der junge Hund den Gegenstand ausgelassen, loben Sie ihn mit einem Leckerbissen und geben ihm sein Eigentum zurück. Üben Sie dies auch mit der Futterschüssel. Achten Sie darauf, daß er jedem Familienmitglied, auch dem kleinsten Kind, ohne zu murren alles abtritt. Wenn der Hund weiß, daß »Aus!« nicht Verzicht bedeutet, wird es ihm leichter fallen.

Nimmt er im Freien etwas auf, dann fackeln Sie nicht lange. »Aus!« und den Gegenstand – notfalls mit Gewalt – aus dem Fang nehmen, ist die sicherste Lösung. Haben Sie aber immer einen Leckerbissen zur Belohnung parat. Beim Stöckchenspielen begleitet das »Aus!« stets die Abgabe des Stocks.

Gehorsams-
übungen

Man beginnt mit dem kleinen Welpen, sobald er sich heimisch fühlt. Je jünger der Welpe ist, desto kürzer die Übungszeiten, anfangs nur ein paar Minuten. Üben Sie vor dem Füttern, wenn der Welpe hellwach und an Lekkerbissen interessiert ist. Lernt er nicht, brechen Sie die Übung ohne Lob und Belohnung ab. Er wird schnell begreifen, daß es sich lohnt, Herrchen oder Frauchen einen Gefallen zu tun.

Beginnen Sie die Übungen nur bei bester Laune und suchen Sie einen ungestörten Platz, wo der Welpe nicht abgelenkt wird. Nach einer Übung erfolgt ausgiebiges Spiel zur Entspannung. Erwarten Sie nicht, daß der Welpe das Gelernte lange behält, üben Sie daher jeden Tag ein paar Minuten lang das gleiche. Beim älteren Hund können die einzelnen Übungszeiten länger dauern und energischer durchgeführt werden.

»Komm,
Hier!«

Zur Einübung dieses Kommandos rufen Sie den Welpen am besten, wenn er Ihnen ohnehin seine Aufmerksamkeit schenkt, z. B. wenn Sie die Futterschüssel oder einen Leckerbissen in der Hand halten. Gehen Sie in die Hocke und locken Sie ihn. Kommt er, wird er überschwenglich gelobt und bekommt eine Belohnung. Verlieren Sie niemals die Geduld und schimpfen Sie nicht, wenn er etwas länger braucht. Er würde sonst meinen, für das Herkommen bestraft zu werden, und all die Arbeit war umsonst.

Hat er das Kommando »Komm!« begriffen, rufen Sie ihn auch, wenn er beschäftigt ist. Loben und Belohnung dürfen dann natürlich nicht fehlen. Abgesehen von den erzieherischen Maßnahmen sollten Sie den Hund nur rufen, wenn es einen Grund dafür gibt.

Soll der Hund am Ende eines Spaziergangs angeleint werden, rufen sie ihn heran und spielen mit ihm. Befindet sich der Hund in greifbarer Nähe, befestigen Sie unauffällig die Leine am Halsband, damit der Hund das Anleinen nicht als Strafe für das Herankommen betrachtet und zu den Vierbeinern gehören wird, die nur mit Mühe dazu zu bewegen sind heranzukommen, wenn es in Richtung Heimat geht. Bestehen Sie jedoch darauf, daß er kommt, egal, wie lange es dauert.

Beim älteren Hund, der sich gegen Sie durchzusetzen versucht, müssen Sie energischer werden. Sie gehen zum Hund und schimpfen, nehmen ihn an die Leine und führen ihn dorthin zurück, von wo aus Sie ihn riefen. Dort angelangt, wird er gelobt. Sie können ihn auch an eine lange Leine legen und mit Gewalt heranziehen, wenn er nicht auf Ihren Anruf kommt.

Von der Leine lassen sollte man einen Hund nur, wenn er sicher auf das »Komm!« hört. Ignoriert er Ihr Rufen, nehmen Sie ihn an die kurze Leine und lassen ihn zur Strafe eine Weile nicht mehr frei.

In der Gruppe lernt man schneller – hier Leinenführigkeit im Laufschritt.

»Bei Fuß!«

Legen Sie dem Welpen zunächst die Nylonleine oder das Katzengeschirr um, später befestigen Sie die Leine, bis er sich an das »Anhängsel« gewöhnt hat. Nehmen Sie die Leine auf und gehen Sie ihm nach. Zwingen Sie den Welpen nicht in bestimmte Richtungen. Wenn er sich durch die Leine nicht mehr behindert fühlt, locken Sie ihn dahin, wohin Sie gehen wollen. Loben und belohnen Sie ihn.

Geht er freudig mit, fangen Sie mit dem »Bei-Fuß!«-Training an. Der Hund soll an Ihrer linken Seite dicht am Bein gehen, stets Ihrer Schrittgeschwindigkeit angepaßt.

Die Leine halten Sie in der rechten Hand, die linke bleibt frei zum Korrigieren und Loben. Prellt der Hund vor, holt ihn ein Ruck (dem Alter und der Sensibilität des Hundes entspre-

chend kräftig) begleitet von dem Wort »Fuß!« zu Ihrem Knie zurück.

Plötzlicher Richtungswechsel erhöht die Aufmerksamkeit. Bleibt er zurück oder springt zur Seite, folgt das gleiche. Niemals anhaltend zerren, sondern immer mit kurzem Ruck an die richtige Stelle befördern, streicheln, loben, belohnen. Das kostet, besonders beim jungen, lebhaften Hund, Energie, aber wenn Sie jemals mit einem manierlichen Hund, den Sie getrost von der Leine lassen können, spazierengehen, einkaufen oder auf eine Ausstellung gehen wollen, muß er die Leinenführigkeit beherrschen.

Ist ihm »Bei Fuß!« in Fleisch und Blut übergegangen, kann man ihn an einem ungestörten Platz, wo er nicht abgelenkt wird, mit dem Kommando »Fuß!« von der Leine lassen. Klopfen Sie sich ans Knie, locken Sie ihn mit einem Leckerbissen, damit er dicht bei Ihnen bleibt. Hat er es gut gemacht, lassen Sie ihn sitzen und entlassen ihn dann mit dem Wort »Lauf!« zu einer Toberunde. Will er sich nicht fügen, bleibt er an der Leine. Rasch wird er lernen, die Leinenübung und »Fuß!« ohne Leine als Vorspiel zu einer fröhlichen Spielrunde zu betrachten. Bestehen Sie darauf, daß er die Übungen solange ordentlich macht, wie Sie es wollen. Sie bestimmen das Ende der Übung, nicht der Hund. Und vergessen Sie nicht das Signal »Lauf!« zum freien Toben.

Beherrscht der Hund diese Lektion, üben Sie mit ihm an belebten Plätzen. Auch unter Ablenkung muß der Hund dicht bei Fuß an lockerer Leine gehen. Werden Sie niemals übermütig und lassen ihn ohne Leine bei Fuß im Straßenverkehr gehen.

Sitzübung: Leichter Druck auf den Po verdeutlicht, was zu tun ist.

Hunde sind unberechenbar, egal, wie gut sie auch erzogen sein mögen. Im Straßenverkehr ist es nützlich, den Hund vor dem Überqueren einer Straße »Steh!« machen zu lassen, und nur auf das Kommando »Fuß!« hin die Fahrbahn zu betreten (»Sitz!« halte ich für weniger praktisch, denn falls Sie ausstellen wollen, wird sich Ihr Hund, sobald Sie stehenbleiben, setzen anstatt zu stehen.)

»Sitz!«

Drücken Sie das Hinterteilchen des Welpen mit dem Wort »Sitz!« sanft zu Boden und belohnen Sie ihn mit einem Leckerbissen. Er muß lernen, solange sitzenzubleiben, bis Sie ihn »freigeben«.

»Platz!«

Üben Sie dieses wichtige Kommando mit dem etwas älteren Junghund, wenn er die anderen Lektionen beherrscht, denn es verlangt von beiden Seiten Geduld. Üben Sie, wenn der Hund müde ist. Aus dem »Sitz!« heraus ziehen Sie die Vorderpfoten mit dem Wort »Platz!« nach vorne weg und halten den Hund mit sanftem Druck auf die Schulter am Boden. Hat er das Kommando gelernt, gehen Sie einen Schritt, die Leine festhaltend, von ihm weg, immer ruhig und beschwörend »Platz!« sprechend. Springt er auf, legen Sie ihn an den ursprünglichen Platz zurück und beginnen von vorne.

Platz und bleib! Eine ganz wichtige Übung.

bei Gefahr im Lauf innehalten zu lassen oder vor dem Überqueren einer Straße. Üben Sie »Steh!« schon mit dem Welpen. Legen Sie die flache Hand leicht unter den Bauch des Welpen und sagen Sie immer wieder »Steh!«. Er wird mucksmäuschenstill sein. Nach ein paar Minuten loben Sie ihn. Setzt er sich hin und will spielen, heben Sie ihn auf, Hand unter dem Bauch, und befehlen wieder »Steh!«.

Hochspringen

Will Ihr Hund an Ihnen hochspringen, kommen Sie ihm zuvor, indem sie sich rechtzeitig zu ihm hinunterbeugen. Hilft dies nicht, heben Sie im selben Moment Ihr Knie an, damit er Ihren Körper nicht erreicht, und drücken ihn mit »Pfui!« zurück. Steht Ihr Hund mit allen vier Pfoten auf dem Boden, bücken Sie sich zu ihm hinunter und loben ihn. Er wird schließlich begreifen, daß er mit dem Hochspringen nichts erreicht. Bitten Sie auch Freunde, die öfter zu Besuch kommen, um Mithilfe.

Hat er begriffen, daß er liegenbleiben muß, entfernen Sie sich ein paar Schritte weiter. Dehnen Sie die Liegezeiten auf einige Minuten aus und achten Sie streng darauf, daß er liegenbleibt. Widersetzt er sich, ziehen Sie die Leine unter Ihrem Schuh durch und zwingen den Hund so zur Platzlage, aus der er nicht aufstehen kann. Setzen Sie sich durch! Die Platzübung ist für den Hund lebenswichtig. Sie ist eine der wenigen Lektionen, die ich mit unerbittlichem Druck übe. Wann immer Sie »Platz!« rufen, muß der Hund zu Boden fallen und liegenbleiben; auch wenn Sie weit von Ihrem Hund entfernt sind.

Betteln

Wenn Sie essen, sorgen Sie dafür, daß der Welpe in einem anderen Raum sein Futter bekommt, damit er Sie gar nicht erst hungrig beobachtet. Jede Aufdringlichkeit bei Tisch wird mit einem »Pfui!« geahndet. Niemals darf er einen Bissen vom Tisch bekommen. Nachgeben bedeutet eine Belohnung seines Fehlverhaltens!

»Steh!«

Wichtig ist diese Übung vor allem für den Ausstellungshund und bei Tierarztbesuchen. Viele Leute benutzen es wie ich das »Platz!«, um den Hund

Gibt es einen für ihn bekömmlichen Rest, wird er in den Freßnapf befördert. Später, wenn der Hund nur noch zwei Hauptmahlzeiten am Tag bekommt und ausgesprochen hungrig zu sein scheint, lenken Sie ihn mit einem Hundekuchen ab, den Sie ihm auf seinem Platz geben. Da Hunde insbesondere bei Besuch betteln, weil dann eher die Chance auf Erfolg besteht, sollten Sie und der Besuch (!) hart bleiben.

Zuviel Bellen

Das erwünschte Anschlagen, wenn Fremde kommen, fängt beim erwachsenen Hund ganz von alleine, im Alter von etwa 1 bis 1½ Jahren an.

Wenn sein Bellen stört, müssen Sie es von Anfang an unterbinden. Bellt der Hund, halten Sie sanft den Fang zu (nicht die Luft abdrücken) und sagen »Pfui!«, »Still!« oder was immer Sie wollen. Es muß aber stets das gleiche Wort sein. Schreien Sie nicht, Ihr Hund freut sich sonst, daß Sie mit ihm bellen! Ruhig und bestimmt muß Ihr Ton sein. Hört er auf zu bellen, bekommt er überschwengliches Lob. Fängt er wieder an – sofort Fang zu und »Still!«. Er wird lernen, was Sie von ihm wollen, und später schon auf den erhobenen Zeigefinger reagieren.

Das Kläffen abzugewöhnen ist ein hartes Stück Arbeit, das viel Nervenkraft erfordert. Spielen und Toben sollten Sie deshalb nur dort mit Ihrem Hund, wo er bellen darf. Dies sollte nicht in der Wohnung sein, wenn er dort ansonsten still zu sein hat.

Alleinbleiben

Manchmal muß man den Hund einige Zeit alleine in der Wohnung lassen. Nichts ist dabei unangenehmer als ein stundenlang heulender Hund. Das Wohlwollen von Mitbewohnern ist bestimmt nicht grenzenlos. Auch aus Protest zernagte Möbel oder Hundehäufchen bei der Rückkehr vorzufinden, ist nicht das, was man von einem gut erzogenen Hund erwartet. Das Training muß deshalb schon in den ersten Tagen im neuen Heim begonnen werden.

Am besten üben Sie nach einem ausgiebigen Spaziergang, wenn der Hund müde ist. Sie bringen das Kerlchen auf seinen Schlafplatz, reichen ihm einen Kauknochen zur Beschäftigung, gehen, ihm gut zuredend, hinaus und schließen die Tür. Kratzt er an der Tür und weint, schimpfen Sie und legen ihn auf seinen Platz zurück. Ist er still, warten Sie ein paar Minuten und gehen wieder hinein. Sie loben und belohnen ihn mit einem Leckerbissen. Betreten Sie den Raum aber erst, nachdem der Hund wenigstens einige Minuten lang still war. Er darf nicht glauben, daß er es schafft, Sie hereinzulocken, wenn er nur laut genug bellt.

Klappt es, solange Sie noch in der Wohnung sind, gehen Sie hinaus und klappen die Haustür hinter sich zu. Hunde sind nicht dumm und wissen sehr wohl, ob Sie weggegangen sind oder nicht. Möglicherweise fängt er jetzt wieder an zu heulen, weil er glaubt, Sie seien fort. Beginnen Sie mit der Übung aufs neue!

Sport und Spaß mit dem Hund

Collies und Shelties sind Arbeitshunde, sie wollen und müssen beschäftigt werden, sollen sie ihren wahren Charakter voll entfalten. Sport und Spiel mit dem Hund kommen aber nicht nur dem Hund zugute, sondern auch der Gesundheit des Hundebesitzers! Die Möglichkeiten im organisierten Hundesport sind für unsere beiden Rassen schier unbegrenzt, sieht man einmal von Windhund- und Schlittenhundrennen ab. Dem Sheltie sind wegen seiner Größe Grenzen gesetzt, aber er kann alles!

und Unbefangenheit gegenüber fremden Personen, Freifolge, d.h. bei Fuß gehen ohne Leine, Hinsetzen und Sitzenbleiben, Ablegen in Verbindung mit Herankommen und Verkehrssicherheitsprüfung im Straßenverkehr. Der Hund muß sich in lebhaftem Straßenverkehr ruhig und gehorsam verhalten.

Die Ausbildung für die wichtige Begleithund-Prüfung findet auf den meisten Hundesportplätzen statt, die man in beinahe jeder Gemeinde finden kann.

Begleithundprüfung (BH)

Die Anforderungen dieser nach dem täglichen Leben ausgerichteten Prüfung sollten Hund und Hundeführer beherrschen. Ein wohlerzogener Hund hat mehr Freiheiten und ist überall gern gesehen.

Zugelassen sind Hunde aller Rassen und Größen ab 12 Monaten.

Die Hunde müssen vom Eigentümer oder einer mit in der Gemeinschaft lebenden Person ausgebildet und zur Prüfung geführt werden. Geprüft werden die Leinenführigkeit

Fährtenhundprüfung (FH)

Sie ist etwas für geduldige Menschen, die gerne intensiv mit ihrem Hund in Ruhe arbeiten. Fährten zu verfolgen ist für den Hund eine ganz normale Sache. Man bringt ihm jedoch bei, bestimmte Fährten auszuarbeiten. Die Fährtenarbeit ist eine sinnvolle und nützliche Beschäftigung mit dem Hund, die auch im täglichen Leben von Vorteil sein kann. Voraussetzung ist eine bestandene Schutzhund- oder Begleithundprüfung.

Collies und Shelties besitzen einen

»Was machen wir jetzt?« Aufmerksam beobachtet der junge tricolour Collierüde seine Umwelt.

hervorragenden Geruchssinn und können auch schwierige Fährten ausarbeiten, wenn sie gut vorbereitet wurden. Die Schwierigkeit bei der Sucharbeit liegt eher in Mißverständnissen zwischen Hund und Herr als in mangelnder Leistungsfähigkeit des Hundes.

Die Prüfungsfährte ist eine mindestens 1.400 Schritt lange und mindestens drei Stunden alte Fremdfährte, die sechs dem Gelände angepaßte Winkel aufweisen muß und mindestens dreimal von einer frischeren Fremdfährte gekreuzt wird. Auf der Fährte liegen in unregelmäßigen Abständen vier mit der Witterung des Fährtenlegers behaftete Gebrauchsgegenstände. Der Hund muß diese Gegenstände finden und entweder in den Fang nehmen oder verweisen. Der Hund kann mit oder ohne lange Leine arbeiten. Der Hund hat bestanden, wenn 70 von 100 Punkten erreicht wurden.

Wachhundprüfung (WH)

Diese Prüfung wird eigentlich viel zu sehr vernachlässigt, und von den Schutzhundsportlern nicht für voll genommen. Da einige bauliche Maßnahmen notwendig sind, wird die Ausbildung nur sehr selten angeboten.

Für unsere Collies erwies sie sich als ideal, und sie haben sie alle mit Bravour bestanden. Sie ist vor allen Dingen für Hunde geeignet, die im Schutzhundsport vom Kampftrieb her nicht genügen oder wo die Besitzer einfach keine Mannarbeit machen wollen. Dennoch erwartet man von einem Hund von der Größe eines Collies eine gewisse Verteidigungsbereitschaft. Aber auch der kleine Sheltie kann sich durchaus als Wachhund bewähren!

Zur WH sind Hunde aller Rassen und Größen zugelassen, die wenigstens 12 Monate alt sind. Geprüft werden folgende Disziplinen: Unterordnungsübungen wie bei der BH, Holen eines Gegenstandes, Ablegen des Hundes unter Ablenkung bei einem Gegenstand (der nächste Prüfling wird in den ersten drei Disziplinen geführt, während der Hund bei einer Aktentasche ruhig liegenbleibt), Anhänglichkeit (der Hund muß seinen Herrn in einer Gruppe Menschen finden), Besitzwahrung (der Hund befindet sich an einer Kette und wird mit »Paß auf« bei einem größeren Gegenstand des Herrn zurückgelassen. Ein Helfer versucht, ihm den Gegenstand abzunehmen. Der Hund muß Abwehrverhalten zeigen, darf aber nicht gehetzt werden), Prüfung auf seine Wachsamkeit (z. B. in einem eingezäunten Grundstück oder an einer langen Laufkette). Wichtig ist, daß der Hund nicht beißen darf und soll.

Schutzhundprüfung (SchH)

Die Schutzhundprüfung besteht aus den Teilen A, B und C mit folgenden Disziplinen:

A) Fährtenarbeit,

B) Unterordnung (Leinenführigkeit, Freifolge, Schußfestigkeit, Sitzübung, Ablegen in Verbindung mit Herankommen, Bringen eines Gegenstandes zu ebener Erde, Bringen über eine 1 m hohe Hürde, Voraussenden mit Ablegen, Ablegen unter Ablenkung) und

C) dem Schutzdienst (Stellen und Verbellen eines Scheintäters, Abwehren eines Überfalls durch Biß in den geschützten Arm des Scheintäters, wobei er zwei, den Hund nicht verletzende Schläge hinnehmen muß, und Verfolgen und Stellen des Scheintäters auf der Flucht).

Mit jeder Prüfungsstufe (I, II, III) werden die Übungen schwieriger.

Rettungshund (RH)

Voraussetzung für die Arbeit eines Rettungshundes ist die Beherrschung der Unterordnung gemäß SchH, denn unbedingter Gehorsam mit und ohne Leine ist unerläßlich. Der Rettungshund muß unter schwierigsten Bedingungen vermißte oder verschüttete Menschen suchen und das Finden durch Bellen anzeigen. Man übt die Flächensuche, z. B. wenn Menschen vermißt werden, oder die Trümmersuche, wo Menschen unter eingestürzten Häusern, Erdrutschen und dergleichen verschüttet wurden.

Die Ausbildung des Rettungshundes besteht in der Hauptsache in der Gewöhnung der Hunde an alle möglichen Umweltgegebenheiten und Einflüsse wie Feuer, Rauch, Lärm, Wasser usw. Die Hunde müssen sich aus Hubschraubern abseilen lassen und unter Tage in eingestürzten Bergwerken arbeiten. Nur nervlich einwandfreie Hunde können diese Aufgaben bewältigen und unbeirrt und unter höchster Konzentration alleine im Gelände oder in den Trümmern nach Gerüchen fahnden, die auf Menschen, tot oder lebendig, hinweisen.

Die Arbeit ist anstrengend, aber sie macht Freude. Allerdings ist sie kein Freizeitspaß, denn man muß damit rechnen, über Nacht in Katastrophengebiete in aller Welt abgerufen zu werden.

Jeder Hund und Hundeführer wird jährlich erneut auf seine Tauglichkeit geprüft, so daß wirklich nur einsatzfähige Hunde für den Notfall zur Verfügung stehen.

Rettungshundausbildung: Intensiv sucht dieser Collierüde das Trümmergelände nach verschütteten Personen ab.

Es gibt nicht viele Übungsplätze in Deutschland, aber wenn einer in erreichbarer Nähe ist, man körperlich fit ist und etwas Sinnvolles mit seinem Hund leisten will, sollte man es mal versuchen. Hunde von Colliegröße sind eigentlich ideal, während man kleinere Hunde wie den Sheltie eher für die Flächensuche oder das Absuchen von Randtrümmern einsetzt.

Lawinenhund

Die Ausbildung des Lawinenhundes findet naturgemäß in schneereichen Gebieten wie dem Alpenraum statt, wo regelmäßig Kurse abgehalten werden. Auch hierfür eignet sich der Collie sehr gut, denn ruhiges, zuverlässiges Arbeiten bei ausgezeich-

neter Nasenleistung ist erforderlich. Voraussetzung ist natürlich auch die Beherrschung der Unterordnung.

Breitensport

Breitensport wird inzwischen vielerorts angeboten und ist für sportliche Hundeführer eine herrliche Beschäftigungsmöglichkeit mit dem Hund. Breitensportturniere sind in ganz Deutschland beliebt, sie sind Wettkampf und Vergnügen in einem.

Man unterteilt in Klassen mit Hunden unter 50 cm und über 50 cm Schulterhöhe sowie in Altersklassen der Hundeführer, um einen fairen Wettbewerb zu garantieren. In folgenden Disziplinen kann gestartet werden:

Breitensport: Mit
Leichtigkeit über-
windet der Collie den
Hindernislauf.

1. Vierkampf (Gehorsams-
übungen, Hürdensprung, Sla-
lomlauf, Hindernislauf)
2. Sechskampf (wie Vierkampf,
zusätzlich Witterungstest oder
Verlorensuche, Gegenstandbe-
wachen oder Verteidigungsbereitschaft)
3. Geländelauf 2000 oder
5000 m
4. Hindernislauf-Turnier (auf
einer Bahn von 75 m Länge sind
8 Hindernisse aufgebaut, die
der Hund überwinden muß).

Es kommt je nach Disziplin auf Zeit
und/oder fehlerfreie Ausführung an.

Agility

Aus England kam in den letzten Jahren diese herrliche Hundesportart
nach Deutschland. Noch ist es nicht
ganz einfach, Übungsplätze zu finden, aber ich glaube, daß die Beliebtheit, wie in Holland und Belgien,
rasch zunehmen wird.

Das ist *der* Sport für unseren kleinen Sheltie, der förmlich über den
Parcours fliegt. Allerdings hat er den
Nachteil, daß die Größengrenze vom
»Mini«-Parcours zum Normalpar-
cours bei 38 cm Schulterhöhe liegt.
Viele Shelties sind knapp darüber und
müssen als kleinste Teilnehmer gegen
die großen antreten. Für die meisten
Shelties ist das jedoch kein Problem,
sie gleichen durch Schnelligkeit und
enorme Sprungkraft diesen »Nachteil« aus.

Ein cleverer Veranstalter hat sich
diesen Hundespaß einfallen lassen,
um die Pausen bei Reitturnieren für
die Zuschauer interessant zu machen.
Er baute den Pferdeparcours in ver-
kleinerter Form nach und ließ Hunde
darüberspringen. Das war ein solcher
Erfolg, daß Agility heute ein verbrei-
teter Hundesport ist, der viele Zuschauer begeistert.

Die verschiedenen Turnierdiszi-
plinen sind dem Reitturniersport
nachempfunden. Im Gegensatz zum
Breitensport ändert sich der Parcours
aber von Veranstaltung zu Veranstaltung.

Es geht um Fehler und Zeit wie bei
den Pferden; auch dem Hundeführer
wird eine gute Kondition abverlangt.
Die Trainingsarbeit mit dem Hund erfordert viel Zeit und Geschick, bis er
Spitzenleistungen erbringen kann.

Wer einmal zugeschaut hat, mit
welcher Begeisterung die Hunde mit-
machen, wird seinem Hund diesen
herrlichen Spaß kaum vorenthalten
wollen. Voraussetzung ist allerdings
ein absolut gehorsamer Hund mit
ausgeprägtem Spieltrieb.

tigt eine Taste, worauf ein Ball hochspringt, den der Hund fangen und über die Hindernisse zurückbringen muß. Das ist ein schöner Bewegungsspaß für Hunde, deren Besitzer nicht fit genug sind für Breitensport und Agility.

Hütearbeit

Leider wird in Europa in dieser Beziehung für Collie und Sheltie nichts geboten. In Deutschland und in der Schweiz sind die Border-Collie-Leute sehr aktiv und führen Hütelehrgänge durch, auf denen auch unsere Rassen willkommen sind. Aber diese interessante Möglichkeit wird kaum wahrgenommen.

In den USA wurde auf Initiative von Collieleuten die Hütearbeit zum offiziell anerkannten Prüfungssport. Hier zeigen Collie und Sheltie, daß sie noch immer Vollblut-Hütehunde sind. Selbst Schönheits-Champions bestehen die Prüfungen mit Bravour.

Agility: Hier meistert der kleine Sheltie die schwierigste Übung.

Flyball

Diese Enten wurden eigens zur Beschäftigung des Sheltie angeschafft.

Eine neue und noch wenig verbreitete Hundesportart ist Flyball – fliegender Ball. Der Hund springt über Hindernisse hinweg zu einem Kasten, betä-

Pflege und Hygiene

Die richtige Bürsttechnik.

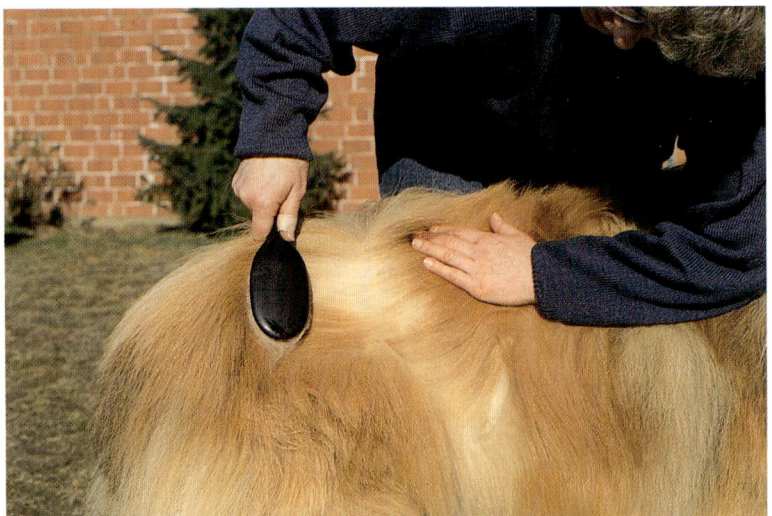

Collie und Sheltie sind glücklicherweise sehr pflegeleicht. Einmal in der Woche oder einmal alle zwei Wochen gründliches Bürsten reicht zur Sauber- und Gesunderhaltung des Haarkleides vollkommen aus. Die Freude am Bürsten und der anschließend duftigen Haarpracht verleitet die Besitzer dazu, den Hund eher zu oft zu bürsten. Deshalb sieht man viele ausgekämmte Collies und Shelties mit glänzendem Schlichthaar. Doch ein wesentlicher Bestandteil zum Schutz vor Kälte und Feuchtigkeit ist die dichte, pelzige Unterwolle, die nicht ausgekämmt werden sollte.

Beginnen Collie und Sheltie ihr Fell zu wechseln, was Ihnen nicht entgehen dürfte, weil Sie büschelweise Hundehaare auf dem Teppich finden, muß öfter gebürstet werden. Hat sich die Unterwolle wie eine dichte Matte aus der Haut gelöst und hängt in ca. 5 mm Abstand von der Haut locker im langen Deckhaar, ziehen Sie mit einem grobzinkigen Kamm diese Unterwolle heraus, ohne dabei festsitzendes Haar auszureißen, da dieses Haar unter Umständen nicht nachwächst.

Jetzt ist auch die Zeit für das jährliche Bad gekommen. Diese Radikalkur reinigt Fell und Haut, Sie sind die lästigen ausfallenden Haare auf einen Schlag los, und das neue Haar kann ungehindert nachwachsen. Der Haarwechsel geht so rascher vonstatten. Zwischendurch können Sie den Hund mit einem Trockenshampoo sauberhalten.

Das Bürsten

Gut bewährt sich für die Haarpflege eine einfache Plastikhaarbürste mit dicken, runden, nicht zu dicht zusammenstehenden Borsten, die überall zu erstehen ist. »Pudelbürsten«, wie sie für langhaarige Hunde empfohlen werden, machen das Haar kaputt. Wenn Sie eine Drahtbürste benutzen, achten Sie darauf, daß sich die Borsten nicht in der Haut einhaken, wenn Sie locker mit ihr über die Hand fahren. Ansonsten reißt sie unnötig Haare aus oder »schneidet« mit den Schnittstellen der Drahtborsten bei jedem Bürstenstrich die vorderen Haarspitzen ab. Ideal ist die nicht billige »Mason-Pearson®«-Bürste.

Sehr bequem ist es, den Hund daran zu gewöhnen, sich auf einem Tisch mit rutschfester Auflage bürsten zu lassen.

Leicht verfilzende Stellen bilden die seidig feinen Haare am Ohrenansatz, in den Achselhöhlen und an den Innenschenkeln. Das Haar an den Ohren sollte täglich ausgekämmt werden, denn wenn sich erst einmal Filzknoten gebildet haben, kann man sie nur noch herausschneiden. Das sieht sehr häßlich aus. Unter diesen Filzknoten kann sich aber auch Ungeziefer einnisten. Alle paar Tage bürsten Sie deshalb die Achselhöhlen und die Innenschenkel. Das Bürsten des ganzen Hundes können Sie je nach Haarfülle und -beschaffenheit alle 8 bis 14 Tage vornehmen.

Bevor Sie mit dem Bürsten beginnen, sprühen Sie den Hund aus einer Blumensprühflasche mit Wasser ein und bürsten erstmal zur Auflockerung das ganze Fell gegen den Strich hoch. Legen Sie dann den Hund auf die Seite und beginnen Sie mit dem Bürsten an den Hinterläufen. Halten Sie das Haar mit der linken Hand hoch und bürsten Sie es mit der rech-

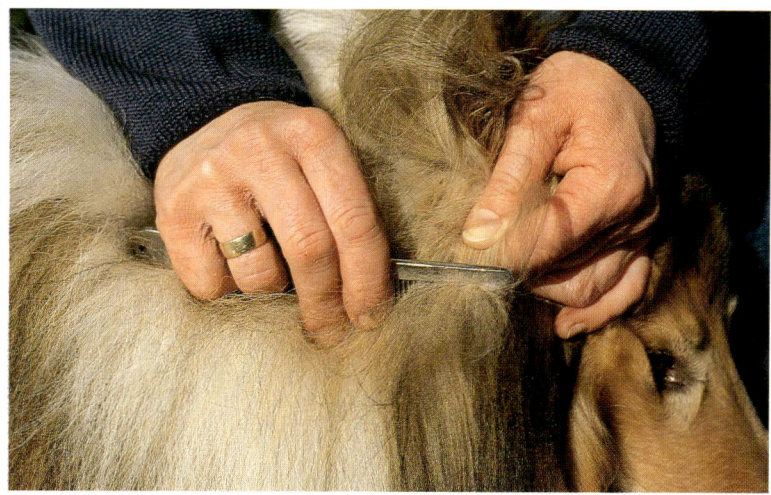

Im feinen, seidigen Haar hinter den Ohren bilden sich rasch Filzknoten, die ausgezupft und gekämmt werden müssen.

ten unter der linken Hand hervor, in Richtung des natürlichen Haarwuchses. Sie fahren mit der linken Hand höher, das Haar gegen den Strich haltend und bürsten es unter der Hand hervor. Achten Sie darauf, daß Sie immer auf die Haut kommen und gründlich Lage für Lage bürsten. Beim Bürsten ausschließlich gegen den Strich, wie es oft empfohlen wird, reißt man zu viel lebende Unterwolle heraus.

Sie fahren fort vom Hinterteil bis zum Kopf und drehen den Hund auf die andere Seite und beginnen wieder wie beschrieben. Vergessen Sie nicht Bauch und Innenschenkel – Vorsicht an den empfindlichen Geschlechtsteilen. Am sitzenden Hund bürsten Sie das Brusthaar in Lagen von unten nach oben. Die langen Fahnen an der Rückseite der Vorderläufe kämmen Sie mit dem grobzinkigen Kamm aus.

Am stehenden Hund bürsten Sie die buschigen Hosen an den Hinterläufen in Lagen und die Rute mit dem natürlichen Haarwuchs.

Augen

Jeden Morgen wird – am besten mit einem feuchten Papiertaschentuch oder einfach mit den Fingern – das Augensekret entfernt. Unterläßt man dies, können die Schleimablagerungen nach einiger Zeit Entzündungen hervorrufen. Andauerndes Tränen und gerötete Bindehaut läßt man durch den Tierarzt behandeln, da evtl. der Tränenkanal vestopft sein könnte oder einwachsende Wimpern den Augapfel reizen.

Ohren

Alle ein bis zwei Wochen prüfen Sie die Ohren. Schmutz entfernt man mit einem in ein handelsübliches Ohrenreinigungsmittel getauchten Wattebausch. Gehen Sie vorsichtig so weit in das Ohr, wie Sie mit dem Watte-

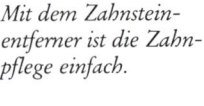

Mit dem Zahnsteinentferner ist die Zahnpflege einfach.

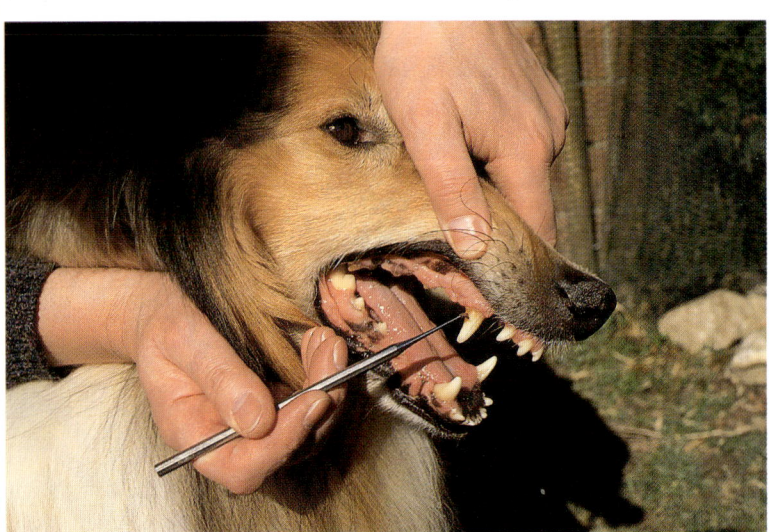

Selbst harte Krallen kann man mit der Zange kürzen.

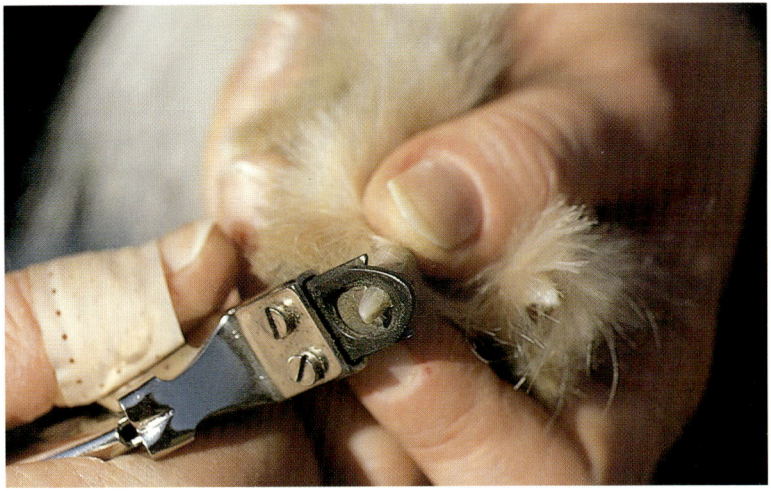

bausch und den Fingern gelangen. Niemals alkoholhaltige Reinigungsmittel, Puder etc. verwenden oder im Ohr herumbohren. Riecht der Hund aus den Ohren, hält er den Kopf schief und kratzt sich – schnellstens zum Tierarzt! Ohrenerkrankungen sind bei Collie und Sheltie zwar selten, doch sind sie sehr schmerzhaft und heilen nur schwer aus.

sind und bis ins hohe Alter funktionstüchtig sein müssen.

Beim Sheltiewelpen kommt es oft vor, daß während des Zahnwechsels die Milcheckzähnchen nicht ausfallen. Steckengebliebene Milchzähne verhindern, daß die neuen Zähne in der richtigen Position nachwachsen und müssen deshalb vom Tierarzt rechtzeitig gezogen werden.

Gebiß

Hunde reinigen ihr Gebiß selbst am besten, wenn sie etwas Festes zu kauen haben, z. B. Büffelhautknochen oder trockene Brotrinden. Bildet sich Zahnstein, entfernen Sie ihn mit dem Zahnsteinentferner. Dicken Belag kann nur der Tierarzt unter Betäubung entfernen. Unbehandelter Zahnstein führt schließlich zu Zahnfleischentzündungen, Zahnfleischschwund und zum Ausfall der Zähne. Bedenken Sie, daß die Zähne das wichtigste Werkzeug Ihres Hundes

Krallen

Läuft Ihr Hund auf glattem Boden oder Parkett und Sie hören ein »klack, klack«, dann sind die Krallen zu lang. Lassen Sie sich vom Tierarzt zeigen, wie man eine Krallenzange handhabt. Schneiden Sie nämlich zu viel ab, verletzen Sie eine kleine Ader in der Kralle, deren Blutung nur schwer zu stillen ist.

Kommt Ihr Hund im Winter von salzbestreuten Straßen nach Hause, waschen Sie die Pfoten mit lauwarmem Wasser ab.

Genitalien und After

Er muß öfter auf Kotreste und Urinverklebungen kontrolliert und diese gegebenenfalls entfernt bzw. ausgebürstet werden. Frischen Kot mit duftendem Trockenshampoo bestäuben, trocknen lassen und ausbürsten.

Lassen Sie sich vom Tierarzt zeigen, wo die Analdrüsen sitzen und wie man sie im Bedarfsfall ausdrückt.

Der schmutzige Hund

Kommt Ihr Collie oder Sheltie einmal schmutzig und naß nach Hause, lassen Sie ihn vor der Haustür sitzen, bis Sie einen Eimer warmes Wasser und ein Fensterleder geholt haben. Mit dem ausgewrungenen Leder trocknen Sie die entsprechenden Fellpartien ab. Es saugt Schmutz und Feuchtigkeit bestens auf.

Baden

Collies oder Shelties sollte man nur baden, wenn der Haarwechsel eingesetzt hat, eine Hündin Welpen hatte, die Hitze vorüber ist oder sich der Hund in Unrat gewälzt hat. Wollen Sie ihn vor einer Ausstellung baden, sollte dies mindestens eine Woche vorher geschehen, damit das Fell seine natürliche Beschaffenheit wiederererlangen kann und nicht zu weich und flauschig ist. Evtl. baden Sie nur die weißen Fellpartien.

Verschließen Sie die Ohren mit einem Wattebausch, und stellen Sie den Hund in die Badewanne, die vorher mit einer rutschfesten Gummimatte ausgelegt wurde. Brausen Sie ihn lauwarm ab, bis er durch und durch naß ist. Verreiben Sie ein mildes Hundeshampoo zwischen den Händen und massieren Sie es mit den Fingerspitzen bis auf die Haut. Vorsicht am Kopf, damit keine Seife in die Augen kommt; ebenso behutsam sollen die Genitalien behandelt werden.

Brausen Sie nun den Hund sorgfältig von oben nach unten ab, und drücken Sie das überschüssige Wasser aus dem Fell. Legen Sie dem Hund, noch ehe er sich schütteln konnte, Handtücher um, die reichlich zur Hand sein müssen. Trocknen Sie den Hund gründlich ab, und lassen Sie ihn an einem sauberen, warmen Platz restlos trocknen, ehe er wieder ins Freie darf.

Wenn Ihr Hund den Fön duldet, geht es damit am schnellsten. Ist er vollkommen trocken, bürsten Sie ihn gründlich aus.

Collie- und Sheltiewolle

Ausgebürstete Unterwolle läßt sich sehr gut verspinnen. Die Wolle ist mohairähnlich, bei sablefarbenen Hunden kamelhaarfarben und bei tricolour und blue merle meist silbergrau. Stricksachen aus Hundewolle sind flauschig und sehr warm.

Die Hundeaus-
stellung

In bester Verfassung und mit wunderschönem Haarkleid wird dieser erfolgreiche blue-merle-farbene Sheltierüde von seiner Besitzerin vorgeführt.

Wenn Sie der Züchter bittet, mit Ihrem Hund eine Ausstellung zu besuchen, sollten Sie dies nicht abschlagen. Dort bekommen Sie ein fachliches Urteil über die äußeren Qualitäten Ihres Hundes und haben die Gelegenheit, andere Hunde zu sehen und mit deren Besitzern Erfahrungen auszutauschen. Der Züchter sieht darin einen Wettstreit, bei dem er seine Zuchtergebnisse mit denen anderer Züchter vergleichen kann und der ihm zeigt, ob er mit seinen Bemühungen Erfolg hat.

Von Bedeutung sind internationale Schauen (für Hunde aller Rassen) und Spezialzuchtschauen (nur für Britische Hütehunde oder Collies). Ausstellungstermine und Meldeunterlagen erhalten Sie beim Dachverband oder Zuchtverein (Adressen siehe Anhang). Voraussetzung für die Teilnahme eines Hundes ist die von der FCI anerkannte Ahnentafel, daß er älter als 6 Monate ist, im Falle eines Rüden beide Hoden in den Hodensack abgestiegen und fühlbar vorhanden sind, der Hund gesund und frei von Ungeziefer ist. Läufige Hündinnen dürfen die Schau nicht betreten. Beachten Sie die Gesundheitsbestimmungen (Tollwutimpfungen etc.).

Ich empfehle für eine erste Teilnahme mit Hund immer eine in der Nähe stattfindende Spezialzuchtschau. Sie ist weniger anstrengend als die großen internationalen Ausstellungen und eher geeignet, erste Erfahrungen zu sammeln und Kontakte zu knüpfen.

Lesen Sie sorgfältig die Meldepapiere hinsichtlich der Bedingungen zur Meldung in die jeweiligen Klassen durch, damit Sie Ihren Hund in der für ihn richtigen Klasse melden.

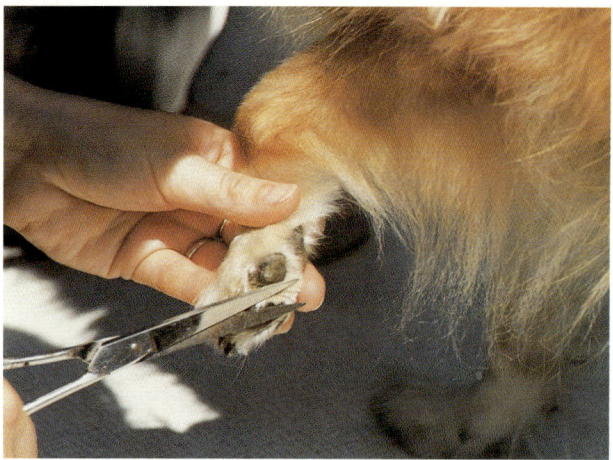

Das überstehende Haar zwischen den Ballen wird abgeschnitten.

Der Ausstellungshund

Selbstverständlich sollte man einen Collie oder Sheltie nur in bester gesundheitlicher Verfassung und mit etwas Ringtraining ausstellen. Der Richter hat nur wenige Minuten Zeit, sich ein Urteil über Ihren Hund zu bilden. Dessen Vorzüge sollten deshalb auf den ersten Blick zu sehen sein und dem Richter ins Auge fallen. Wir geben Ihnen hier ein paar Tips, wie Sie auch als Anfänger einen gut vorbereiteten Hund vorführen können.

Es hat nur Sinn, einen Collie oder Sheltie zu zeigen, wenn er sich in voller Haarpracht befindet und nicht gerade im Fellwechsel steht oder die Unterwolle abgeworfen hat. Es wäre unfair, ihn in solch unschönem Zustand in die Konkurrenz zu schicken, denn er würde keinerlei Chancen auf eine gute Plazierung haben.

Wenn Sie Ihren Hund wie beschrieben regelmäßig gepflegt haben,

Die sauber geschnittene Vorderpfote.

bürsten Sie ihn am Vortag gründlich, reinigen Zähne und Ohren, kürzen die Krallen bei Bedarf. Sie können die weißen Fellpartien anfeuchten und mit einem milden Hunde-Shampoo waschen. Wenn das gut ausgespülte und abgetrocknete Haar gerade noch feucht ist, stäuben Sie Trockenshampoo ein oder geben Mais- oder Kartoffelmehl in eine flache Schale und tauchen eine Bürste mit Naturborsten hinein. Damit verteilen Sie das Mehl in die weißen Fellpartien. Wenn das Haar vollkommen trocken ist, bürsten Sie das Mehl sorgfältig aus. Diese Prozedur verleiht dem weißen Fell Fülle und bringt das Weiß zum Strahlen.

Reisen Sie bei schlechtem Wetter und Ihr Hund hat sich schmutzig gemacht, bringen Sie nach Erreichen des Ausstellungsgeländes in das mit einer Sprühflasche angefeuchtete Haar etwas Kartoffelmehl und bürsten es, wenn es trocken ist, gründlich aus, ehe Sie den Ring betreten. Eventuelle

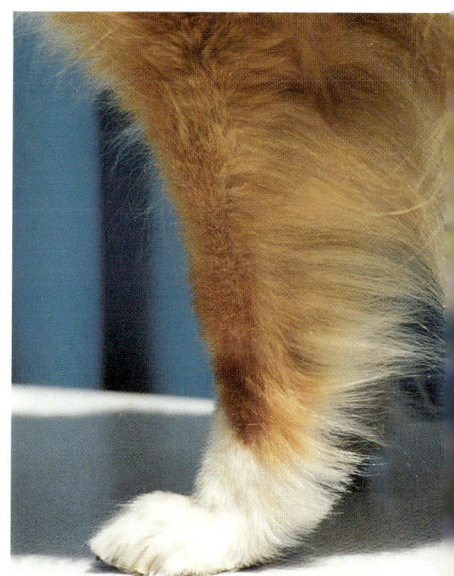

Zuerst wird das lange Haar an den Hocken gekämmt...

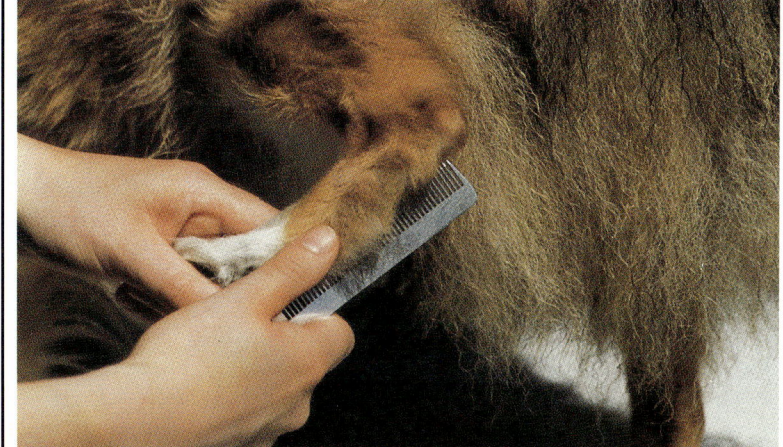

... und dann mit einem Schnitt mit der scharfen Schere gekürzt.

Die sauber geschnittene Hinterpfote.

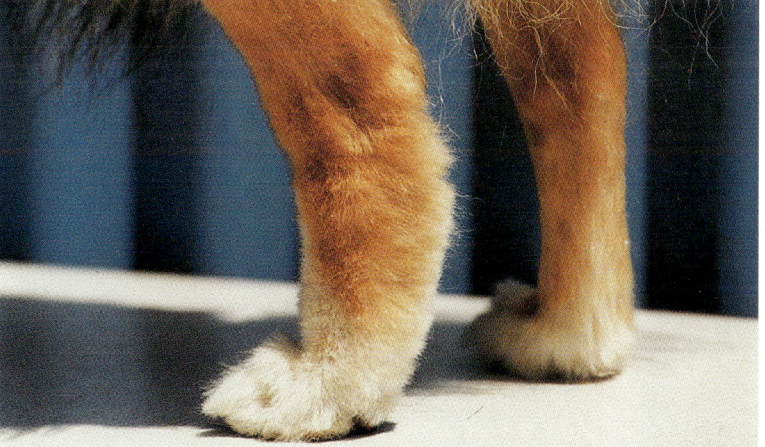

Beschwerungsreste in den Ohren vor dem Richten spurlos entfernen!

Einige kleine Schönheitskorrekturen werden mit der Schere durchgeführt. Die Pfoten müssen klein, oval und gut geschlossen sein. Langes, fransiges Haar sieht ungepflegt aus (und bringt zu Hause mehr Schmutz herein). Schneiden Sie am stehenden Hund rund um die Pfote und zwischen den Zehen die langen Fransen mit einer Schere, die abgerundete Spitzen hat, ab und das lange Haar vorsichtig heraus (siehe Fotos auf Seite 124). Dies ist auch im täglichen Leben praktisch, denn es können sich keine Fremdkörper in den Haaren verfangen und im Winter keine Eisklumpen bilden. Doch niemals zu kurz, denn die Krallen sollten nicht deutlich hervorstehend sichtbar sein!

Zwischen Sprunggelenk und Pfote befindet sich an den Hinterläufen meist eine Befransung, die laut Standard unerwünscht ist. Kämmen Sie das flaumige Haar an der Rückseite der Pfoten nach oben zum Sprunggelenk, und schneiden Sie es mit einem einzigen Schnitt von oben nach unten ab. Jedoch nicht zu dicht am Knochen, lassen Sie etwa 1 bis 2 cm Haar stehen. Niemals quer schneiden, weil das Stufen gibt. Man sollte nicht sehen, daß geschnitten wurde (siehe Fotos auf der Vorseite). Versuchen Sie sich im Trimmen am besten ein paar Wochen vor der Schau. Falls Sie sich verschneiden, sind frische Spuren nicht mehr auf den ersten Blick sichtbar.

Wächst das lange, weiche Haar um die Ohren zu üppig und fransig, lassen Sie sich vom Züchter oder einem Fachmann zeigen, wie man das lange, überflüssige Haar trimmt.

Vom richtigen Vorführen

Damit der Richter das Gebäude und Gangwerk eines Hundes beurteilen kann, muß der Hund bei lockerer Leine »bei Fuß« gehen und sich Ihrer Ganggeschwindigkeit anpassen. Aber auch das Stehen will gelernt sein. Collie und Sheltie sollen würdevoll und gelassen, dabei aufmerksam im Ring stehen. Aufmerksam deshalb, weil ihre Ohren in Lauschhaltung aufgerichtet sein müssen. Nur so kann der Richter den Gesichtsausdruck des Hundes beurteilen. Dieser Ausdruck ist eine besondere Eigenart von Collie und Sheltie und macht einen großen Teil ihres Zaubers aus.

Wenn Ihr Hund im Ring steht wie ein begossener Pudel und die Ohren anlegt oder wie wild herumtobt, müssen Sie verstehen, daß es der Richter leichter hat, einen Hund zu bewerten, der gesittet steht, verträumt zu seinem Herrn aufschaut und seine Schönheit voll entfaltet. Das kommt jedoch nicht von ungefähr, sondern muß geübt werden. Wenn Sie Ihren Welpen schon mit der Absicht ihn auszustellen gekauft haben, beginnen Sie von klein auf mit dem Ringtraining.

Zunächst das **Zähnezeigen.** Ein korrektes Gebiß ist sehr wichtig, deshalb wird es jeder Richter überprüfen. Üben Sie dies vorher. Bitten Sie Freunde um Mithilfe, damit Ihr Hund auch Fremde an sein Gebiß heranläßt.

Heben Sie bei geschlossenem Fang die Lippen an, damit die Schneidezähne sichtbar werden; danach die Lefzen an den Seiten. So kann der Richter den Gebißschluß sehen und feststellen, ob eventuell Zähne fehlen. Öffnen Sie nun den Fang. Dabei legen Sie die linke Hand über den Fang, umschließen mit der rechten den Unterkiefer und drücken mit Daumen und Zeigefinger zwischen die Kiefer, bis er das Maul öffnet. Das kann ein Geduldsspiel sein, aber wenn Ihr Hund gewöhnt ist, daß Sie regelmäßig sein Gebiß reinigen, dürfte es kein Problem sein.

Und nun zum richtigen **Stehen.** Ehe Sie füttern, sagen Sie »Steh!« und halten dem Hund einen Leckerbissen vor die Nase. Sicherlich wird er aufmerksam darauf achten, was Sie in der Hand halten, und mit langem Hals und aufgerichteten Ohren (auch wenn es beim Welpen noch Schlappöhrchen sind, so zieht er sie doch auf dem Kopf hoch) danach suchen. Wenn er ganz aufmerksam ist, bewegen Sie ruhig den Leckerbissen vor seiner Nase hin und her, dann be-

kommt er einen kleinen Happen. »So ist's brav!«.

Doch achten Sie darauf, daß er auf allen vier Pfoten stehenbleibt und nicht anfängt zu hüpfen. Er bekommt den Leckerbissen nur dann, wenn er steht und die Ohren interessiert aufstellt. Üben Sie bei Spaziergängen an der Leine – Stehenbleiben – Leckerbissen vor die Nase – ist er ganz aufmerksam, geben Sie ihm die Belohnung nach ein paar Sekunden. Hat Ihr Hund sicher auf den Leckerbissen reagiert und sich auch in fremder Umgebung nicht ablenken lassen, haben Sie den wichtigsten Schritt zum Erfolg getan.

Ein Welpe, der noch krumm und schief auf den Beinen steht, sollte Ihr Idealbild nicht stören. Später, wenn er die Lektion beherrscht, können Sie den Stand der Pfoten durch leichtes Antippen der Zehen mit dem Schuh korrigieren. Reichen Sie den Leckerbissen immer erst dann, wenn der

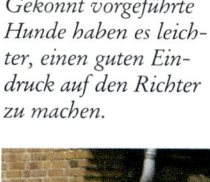

Gekonnt vorgeführte Hunde haben es leichter, einen guten Eindruck auf den Richter zu machen.

Hund richtig steht. Mit zunehmendem Training lassen Sie den Hund immer länger auf seinen Leckerbissen warten, denn im Ring kann man nicht ununterbrochen füttern. Ist Ihr Hund nicht besonders freßlustig, lassen Sie ihn am Abend vor der Schau hungern. Er wird dann im Ring um so begieriger auf den Leckerbissen sein.

Manche Hunde lieben ganz besonders gebratene Leber. Sie braten Rinderleber an, bestreuen sie mit Knoblauchpulver und lassen sie im Backofen bei geringer Hitze eine Zeitlang dörren, damit sie in Ihren Händen nicht schmierig ist, wenn Sie den Hund vorführen. Schneiden Sie die Leber in kleine Häppchen und tragen Sie Kleidung mit einer Tasche, in die Sie den Vorrat stecken können.

Achten Sie ganz besonders darauf, daß Ihr Hund nicht an der Leine zerrt oder Sie den Kopf des Hundes mit der Leine hochreißen und ihn förmlich »aufhängen«. Leider sieht man diese Unart viel zu oft im Ring; dabei leidet der Hund, wenn er am Halsband hochgezogen wird, die Gesichtsadern treten hervor und der liebliche Gesichtsausdruck verschwindet.

Am Tag der Schau

Packen Sie schon am Vorabend der Schau die Tasche: Meldebestätigung, Ahnentafel, Impfpaß, evtl. weitere Gesundheitsdokumente, Bürste, Sprühflasche, Wasserflasche, Weißmittel, Futternapf, Hundefutter, Leckerbissen, Kette zum Festmachen, Ausstellungsleine, Hundedecke, Klappstühlchen. Bei schlechtem Wetter packen Sie reichlich Handtücher ein, denn es kann passieren, daß Sie vor dem Richten noch Bauch und Pfoten waschen müssen.

Sie sollten ca. zwei Stunden vor dem Richten auf dem Gelände sein, um in Ruhe Ring und Box zu suchen. Und noch etwas: Nehmen Sie einen Begleiter mit, damit der Hund nie unbeaufsichtigt bleibt.

Versuchen Sie trotz aller Aufregung ruhig und gelassen zu sein, um den Hund nicht nervös zu machen. Wenn er das Gefühl hat, daß Ausstellungen etwas Unangenehmes sind, weil Frauchen schnell ungehalten wird, wird er nie ein guter Ausstellungshund werden.

Es genügt für den Anfang vollkommen, wenn Ihr Hund im Ring aufmerksam steht, wenn ihn der Richter betrachtet. Begutachtet er andere Hunde, kann sich Ihr Hund entspannen, um dann wieder ganz »Ohr« zu sein, wenn es um die Endausscheidung geht. Jetzt muß Ihr Hund in voller Schönheit dastehen und sich bestens präsentieren.

Die höchste Wertnote, die ein Hund erreichen kann, ist Vorzüglich 1, danach wird bis 4 plaziert.

Wertnoten	
In der Jüngstenklasse von 6 bis 9 Monaten:	
vielversprechend	(vv)
versprechend	(vsp)
wenig versprechend	(wv)
In allen anderen Klassen:	
vorzüglich	(v)
sehr gut	(sg)
gut	(g)
genügend	(ggd)
nicht genügend	(nggd)

Lassen Sie sich überraschen von dem, was der Richter über Ihren Hund zu sagen weiß, und nehmen Sie das Urteil dankend an. Wenn Ihr Hund nicht auf Anhieb einen der ersten Plätze einnimmt, kann das vielerlei Gründe haben. Niemals darf ein Mißerfolg auf einer Ausstellung das Verhältnis zwischen Herrn und Hund trüben.

Hat Ihnen das Ganze Spaß gemacht, sollten Sie es ruhig noch einmal auf einer anderen Schau unter einem anderen Richter versuchen.

Die wichtigsten Siegertitel, Abkürzungen und ihre Vergabebedingungen:

Deutscher Champion VDH (Dt.Ch.VDH):
4 Anwartschaften (Anw.Dt.Ch.VDH) von mindestens 2 CACIB-Zuchtschauen und 2 Spezialzuchtschauen. Zwischen der ersten und letzten Anwartschaft muß ein zeitlicher Mindestabstand von 12 Monaten liegen.

Deutscher Champion Club (Dt.Ch.Club):
Vergabebestimmungen erstellen die zuständigen deutschen Rassezuchtvereine.

Internationaler Champion FCI (Int.Ch.):
4 Anwartschaften (CACIB) unter 3 verschiedenen Richtern in wenigstens 3 verschiedenen Ländern, davon 1 x im Heimatland des Hundeeigentümers. Zwischen der 1. und der letzten Anwartschaft muß ein Zeitraum von mindestens 1 Jahr und 1 Tag liegen.

Nationaler Champion:
Vergabebestimmungen erstellen die nationalen Dachverbände (z.B. die Schweizer Kynologische Gesellschaft, der Raad van Beheer in der Niederlanden etc.).

Deutscher Bundessieger (Bsgr.):
Vergabe mit dem CACIB auf der Bundessiegerschau.

Deutscher Europasieger (Esgr.):
Vergabe mit dem CACIB auf der Europasiegerschau.

Europa-Champion FCI:
Vergabe mit dem CACIB auf der Europa-Champion Show.

Weltsieger (Wsgr.):
Vergabe mit dem CACIB auf der Welthundeausstellung.

Die Zucht

Als stolzer Hündinnenbesitzer wird vielleicht irgendwann der Wunsch in Ihnen wach, Welpen aufzuziehen. Dieser Schritt kann allerdings nicht vorbehaltlos empfohlen werden, zumal – entgegen landläufiger Meinung – eine Hündin nicht geworfen haben *muß*; Hündinnen, die nie Welpen gehabt haben, sind genauso viel oder wenig krankheitsanfällig oder scheinträchtig wie oft gedeckte Zuchthündinnen.

Oft hört man, daß wesensschwache Hündinnen durch einen Wurf wesensfester werden. Das ist natürlich Unsinn, sie geben die Wesensschwäche höchstens an ihre Kinder weiter. Ein angeborener Schutzinstinkt kann die Hündin während der Betreuung ihrer Welpen vorübergehend wesensfester erscheinen lassen, doch einen dauerhaften Einfluß hat die Aufzucht von Welpen nicht.

Heute gibt es schon viel zu viele Hunde. Die Hundefeindlichkeit steigt allgemein, weil immer mehr Menschen Hunde anschaffen, die besser die Finger von der Hundehaltung ließen. Ihr Interesse sollte es nicht sein, daß irgendwelche Menschen einen Hund spazierenführen.

Hundezucht ernsthaft betrieben ist teuer und aufwendig, alleine schon, bis der Hund endlich zur Zucht zugelassen ist. Sie ist nur gerechtfertigt, wenn man zur Vervollkommnung der Rasse beitragen möchte. Unter diesem Aspekt kann die Hundezucht zu einem wundervollen Hobby werden. Es macht unendlich viel Freude, die Welpen aufwachsen zu sehen und kostet viele Tränen, wenn Tiere sterben.

Vorüberlegungen

Bevor Sie sich zu dem verantwortungsvollen Schritt der Zucht entschließen, sollten folgende Punkte geklärt sein: Leben Sie in einer Wohnung mit Zugang zum Garten? Haben Sie einen hellen, trockenen und leicht zu reinigenden Raum für die Aufzucht der Welpen, der möglichst einen Ausgang ins Freie hat? Ist Ihr Garten sicher eingezäunt? Welpen, die im Garten toben, lassen kaum etwas übrig von Blumenrabatten und Rasen.

Haben Sie die Zeit, sich ausgiebig mit den Welpen zu beschäftigen, da Füttern und Reinigen nicht genug sind, um ein gutes Verhältnis zum Menschen und zur Umwelt aufzubauen? Welpen machen viel Lärm – denken Sie an Ihre Nachbarn.

Diese hübschen Collies zeigen die verschiedenen zobelfarbenen Schattierungen; ganz rechts eine tricolour Hündin.

Welpenaufzucht ist sehr teuer. Ehe die Einnahmen durch den Welpenverkauf auf dem Tisch liegen, müssen Sie Futter- und Tierarztrechnungen, die Kosten für die Formalitäten des Zuchtvereins (Ausstellung, evtl. Körung, HD-Untersuchung und -auswertung, Augenuntersuchung, Zuchtwartbesuche, Ahnentafeln etc.), Fahrt zum Deckrüden und Deckgebühr begleichen. Wurmkuren und Impfungen sind auch nicht billig. Welpen brauchen eine erstklassige Ernährung.

Als Anfänger ohne Kundenstamm haben Sie möglicherweise Schwierigkeiten, die Welpen zu verkaufen, und müssen viel Geld für Zeitungsanzeigen ausgeben. Sie müssen damit rechnen, daß ein oder zwei Welpen übrigbleiben. Sie fressen förmlich den scheinbaren Gewinn auf.

Rasch sind die putzigen Wollknäuel dem niedlichen Alter entwachsen und schwieriger zu verkaufen. Sie müssen nicht nur erzogen und mit der Umwelt vertraut gemacht werden, denken Sie auch an den Lärm, Schmutz und Pflegeaufwand, ganz zu schweigen von den Futterkosten, die mehrere Hunde verursachen.

Die Aufzucht von Sheltiewelpen ist insofern einfacher, als man mit weniger Raum und wesentlich geringeren Futterkosten auskommt als beim Collie. Dafür werfen Sheltiehündinnen in der Regel weniger Welpen. Jedoch sind Sheltiewelpen eine besonders quirlige Schar, für die man Zeit und Nerven braucht.

Überlegen Sie gut, ob Sie wirklich zu Ihrem Vergnügen Lebewesen in die Welt setzen wollen, für deren weiteres Schicksal Sie mitverantwortlich sind. Und letztlich kann ein Wurf das Leben Ihrer Hündin kosten.

Wenn Sie sich nach reiflicher Überlegung dazu entschlossen haben zu züchten, und wenn Ihre Hündin eine anerkannte Ahnentafel besitzt und Sie möchten, daß auch die Welpen Ahnentafeln bekommen, wenden Sie sich frühzeitig an den Zuchtverein, der Sie über die erforderlichen Formalitäten informiert.

Die Rüden- wahl

Die Auswahl des Deckrüden ist immer ein schwieriges Problem für den Züchter, denn er möchte natürlich den idealen Partner haben. Und wo gibt es den schon? Man muß die Vorzüge und Nachteile der Hündin kennen, um einen ausgleichenden Rüden zu wählen, der nicht ausgerechnet die Fehler der Hündin besitzt. Man sollte möglichst Nachzucht vom Rüden gesehen haben, aber der Anfängerzüchter hat zwangsläufig Schwierigkeiten, die Qualitäten zu erkennen und abzuwägen. Nicht jeder Rüdenbesitzer oder Züchter berät selbstlos und objektiv.

Am besten orientiert man sich am Züchter der Hündin, wenn sie aus einer erfolgreichen Zucht stammt. Ansonsten hilft nur: möglichst viele Hunde auf Ausstellungen sehen, viel Literatur studieren und letztlich seinem Instinkt folgen. Nehmen Sie nur einen Rüden, der für Sie den idealen Collie oder Sheltie verkörpert, der so aussieht, wie Sie es sich von Ihren Welpen wünschen. Er muß durch seine Persönlichkeit auffallen und ein sicheres, freundliches Wesen haben.

Die Feinheiten des Standards lernt man erst mit Zeit und Erfahrung. Ein Trost: Auch der erfolgreichste Züchter mußte mal anfangen!

Da Hündinnen oft dazu neigen, zur gleichen Zeit heiß zu werden, sollten Sie sich beim Rüden Ihrer Wahl frühzeitig anmelden und sofort Bescheid geben, wenn die Hündin läufig geworden ist, um den Decktermin zu vereinbaren. Sollten Sie es sich kurzfristig anders überlegen, melden Sie sich in jedem Falle rechtzeitig ab.

Für die Rüdenbesitzer ist so ein Hündinnenbesuch oft mit großen Umständen verbunden, da sie meist Familie und Beruf haben und Hündinnen nicht immer am Wochenende deckbereit sind. Ganz zu schweigen davon, daß der Rüde für Sie reserviert ist und anderen Hündinnenbesitzern möglicherweise abgesagt wurde.

Läufigkeit und Paarung

Normalerweise wird eine Hündin zweimal im Jahr läufig und kann frühestens im Alter von 12 Monaten (Sheltie) bzw. 15 Monaten (Collie) zur Zucht herangezogen werden. Überlegen Sie, welche Hitze Sie benutzen wollen: Die Schönwetterzeit im Frühsommer ist ideal für Freilandaufzucht, doch müßten Sie den Käufern wahrscheinlich zugestehen, die Welpen nach deren Sommerurlaub abholen zu dürfen. Ein Winterwurf macht sehr viel mehr Arbeit und Schmutz, da die Welpen sich nur wenig im Freien aufhalten können.

Für den ersten Deckakt Ihrer Hündin sollten Sie sich in jedem Fall einen erfahrenen Deckrüden mit einem nicht minder erfahrenen Besitzer suchen, denn Erstlingshündinnen und Erstlingsrüden können schwierig sein. Vielgesuchte Deckrüden bedürfen vorheriger Reservierung. Schauen Sie sich deshalb rechtzeitig nach einem geeigneten Partner um.

Überprüfen Sie die Impfungen Ihrer Hündin. Müssen sie aufgefrischt werden, sollte dies wenigstens 14 Tage vor dem erwarteten Läufigkeitstermin geschehen.

Achten Sie darauf, den ersten Tag der Hitze nicht zu verpassen. Eine im angenommenen Zeitraum tägliche Kontrolle der Scheide mit einem Papiertaschentuch zeigt Ihnen das Einsetzen der Läufigkeit an. Häufiges Lecken der Schamgegend und hellroter Ausfluß sind die Signale.

Lassen Sie die Hündin vom Tierarzt auf Herz und Nieren prüfen und anhand einer Scheidensekretprobe feststellen, ob sie sich mit Bakterien infiziert hat, die sich noch vor dem Decktermin bekämpfen lassen. Derartige Infektionen können den Wurf gefährden und kommen, ohne daß man es der Hündin anmerken könnte, sehr häufig vor.

Erhöhen Sie den Fleischanteil im Futter bis zum Decktag um 10 %, und verringern Sie ihn danach wieder auf die normale Portion. Benachrichtigen Sie den Rüdenbesitzer und vereinbaren Sie mit ihm den voraussichtlichen Decktermin: Im Normalfall ist der 13. bis 14. Tag der Läufigkeit der richtige Zeitpunkt.

Reibt man die Hündin an der Rutenwurzel, hebt sie ihr Hinterteil an und legt die Rute zur Seite. Die Scheide (Vulva) ist stark geschwollen, hat den Höhepunkt der Schwellung allerdings gerade überschritten und ist weich, die Blutung hat aufgehört und ist in einen fleischwasserfarbenen Ausfluß übergegangen (allerdings gibt es Hündinnen, die bis zum Ende der Hitze blutigen Ausfluß haben): Die Hündin müßte jetzt den Rüden akzeptieren.

Hat sie den Deckakt willig mitgemacht und wurde der Rüde kurz davor erst zur Zucht benutzt, reicht ein Deckakt aus. Ansonsten wäre es angebracht, nach 48 Stunden nachdecken zu lassen.

Nach erfolgtem Deckakt bezahlen Sie die vorher vereinbarte Deckgebühr. Jegliche weiteren Vereinbarungen legen Sie schriftlich fest. Als Quittung bekommen Sie den Deckschein ausgehändigt; ohne dieses Dokument bekommen die Welpen keine Ahnentafel.

Halten Sie die Hündin vor und nach dem Deckakt in sicherer Obhut, damit sie sich nicht von anderen Rüden decken läßt und sich womöglich bunte Mischlingshunde im Wurf finden.

Selbstverständlich wird eine Hündin vor dem Deckakt nicht mit geruchsbindenden Mitteln behandelt, denn der Auserwählte darf nicht abgeschreckt werden.

Trächtigkeit

Die Tragzeit einer Hündin dauert im Schnitt 63 Tage. Geburten zwischen dem 56. und 65. Tag sind noch normal. Häufig ist es der 61. und 63. Tag. In den ersten drei bis vier Wochen der Trächtigkeit sind übrigens noch keine sichtbaren Veränderungen an der Hündin festzustellen.

Erfahrene Züchter und Tierärzte können zwischen der 3. und 4. Woche fühlen, ob die Hündin Welpen bekommt.

Behalten Sie die tägliche Routine bei wie bisher, besonders die Bewegung, denn die Hündin braucht für die Geburt starke Muskeln. Ab dem 35. Tag der Trächtigkeit nehmen Sie eine Wurmkur vor (Mittel vom Tierarzt geben lassen).

Ab der 4. Woche können sich die hinteren Zitzen röten und dicker werden, es kann sich ein zäher, eiklarer Ausfluß aus der Scheide zeigen. Erhöhen Sie ab der 5. Woche den Fleischanteil im Futter und geben Sie zusätzlich ein Mineralstoff-Vitamin-Präparat. Ab der 6. Woche wird die Hündin zusehends rundlicher und behäbiger.

Vermeiden Sie jetzt zu lange Spaziergänge und verteilen Sie das Futter auf mehrere kleine Mahlzeiten am Tag. Geben Sie so viel, wie die Hündin fressen möchte.

Etwa 2 Wochen vor dem Geburtstermin bauen Sie die Wurfkiste und gewöhnen die Hündin an ihr neues Quartier. Sie sollten sie dort aufstellen, wo Sie sich aufhalten und sie in den ersten 3 Wochen ständig im Auge haben. Die Kiste soll innen auswaschbar sein.

Als Unterlage empfehle ich Vetbed® oder ein gleichwertiges Produkt. Das ist zwar teuer, aber ideal, da es nicht verknautscht und die Welpen nicht in Falten rutschen können, auf die sich die Hündin ahnungslos legt. Die Feuchtigkeit läuft durch das Vlies, die Welpen liegen stets trocken und warm, was für das Gedeihen der Kleinen überaus wichtig ist. Wenn

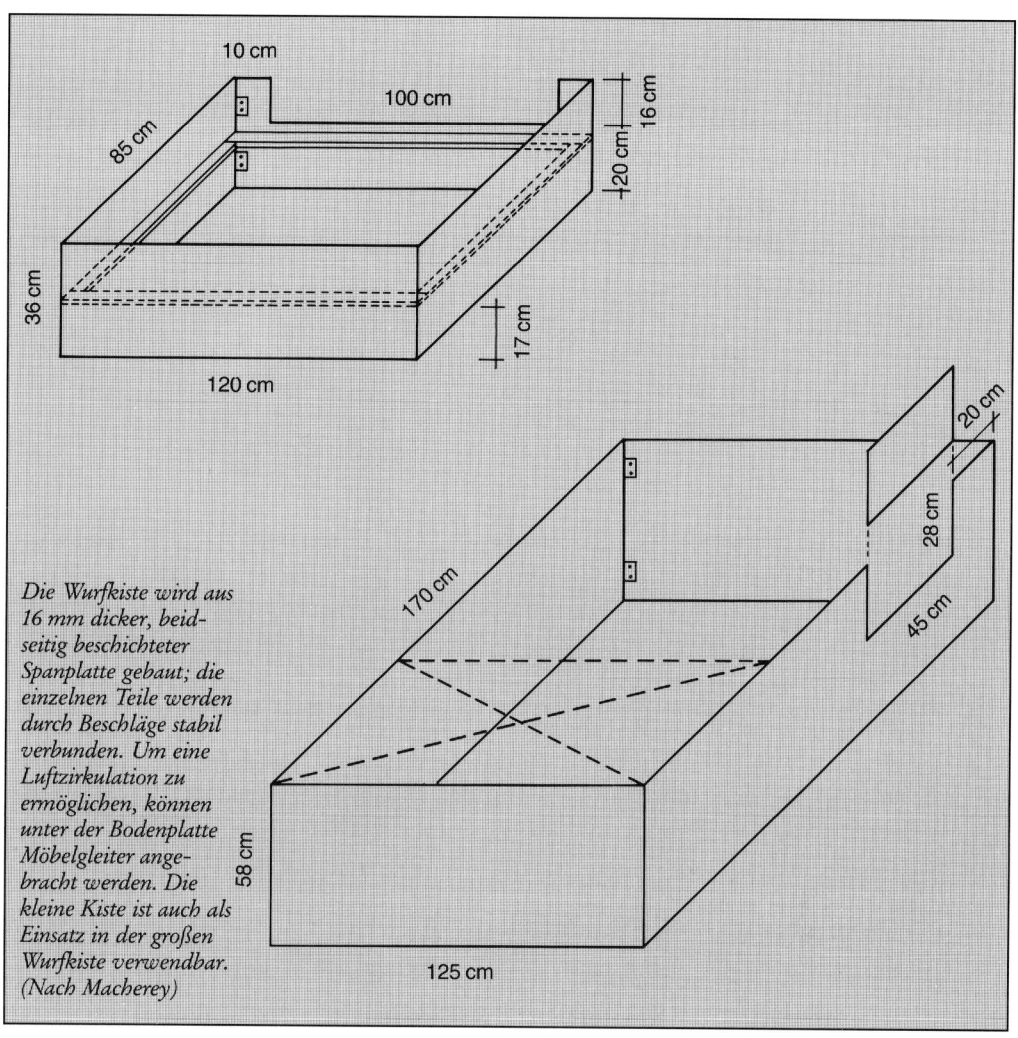

10 cm

100 cm

85 cm

16 cm

20 cm

36 cm

17 cm

120 cm

170 cm

20 cm

28 cm

45 cm

Die Wurfkiste wird aus 16 mm dicker, beidseitig beschichteter Spanplatte gebaut; die einzelnen Teile werden durch Beschläge stabil verbunden. Um eine Luftzirkulation zu ermöglichen, können unter der Bodenplatte Möbelgleiter angebracht werden. Die kleine Kiste ist auch als Einsatz in der großen Wurfkiste verwendbar. (Nach Macherey)

58 cm

125 cm

Sie die Ausgabe scheuen, sorgen Sie statt dessen für eine große Anzahl Bettücher.

Schon Wochen vor der Geburt sollten Sie Zeitungen sammeln (der Bedarf ist groß), die unter das Vetbed bzw. unter die Bettücher und auf den verbleibenden Kistenboden gelegt werden können.

Hängen Sie über die offene Fläche der Kiste eine Infrarotwärmelampe, die während und nach der Geburt angeschaltet sein sollte, um die neugeborenen Welpen warmzuhalten. Die Lampe sollte so tief über den Kleinen hängen, daß man die Wärme bei flach auf den Boden gelegter Hand angenehm spürt.

Für den Wurfraum genügt die normale Zimmertemperatur. Schädliche Zugluft ist aber auf jeden Fall zu vermeiden.

Die Geburt

Ab dem 53. Tag beobachten Sie die Hündin und messen täglich morgens und abends Temperatur. Die Normaltemperatur beträgt (mit einem Thermometer im After gemessen) 38 bis 38,5°C. Sinkt die Temperatur um ca. 1°C unter 37°C und steigt wieder rapide an, ist in den nächsten 22 bis 24 Stunden mit der Geburt zu rechnen.

Aus praktischen und hygienischen Gründen sollten Sie das lange Haar, das nach einem Wurf ohnehin ausfällt, an den Keulen und um die Scheide herum abschneiden, ebenso die langen »Federn« an den Bauchseiten. Es kam schon vor, daß sich Welpen im langen Haar der Mutter erhängten. Reinigen Sie die Zitzen mit etwas warmem Wasser.

Mögliche erste Anzeichen für die Geburt sind: Die Hündin wird unruhig, scharrt in ihrer Kiste, muß öfter die Blase entleeren und hechelt stark. Sie bekommt einen »in sich gekehrten« Gesichtsausdruck, scheint ihren Bauch zu beobachten und rührt kein Futter mehr an. Bleiben Sie jetzt in ihrer Nähe und dulden Sie keine Zuschauer. Die Hündin braucht Ruhe, will aber meist ihre Bezugsperson um sich haben. In jedem Fall ist die Anwesenheit des Besitzers erforderlich, um die Hündin zu beruhigen oder aufzumuntern und im Notfall eingreifen zu können.

Die Scheide schwillt an wie zur Hitze, der Bauch senkt sich deutlich ab. Die Eröffnungswehen zeigen sich in leichten wellenartigen Bewegungen über den Leib. Die Hündin kann im Stehen, Sitzen oder Liegen werfen. Sie stemmt sich gegen die Kistenwand, macht den Buckel krumm und streckt die Rute in einem unnatürlichen Bogen ab.

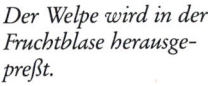

Der Welpe wird in der Fruchtblase herausgepreßt.

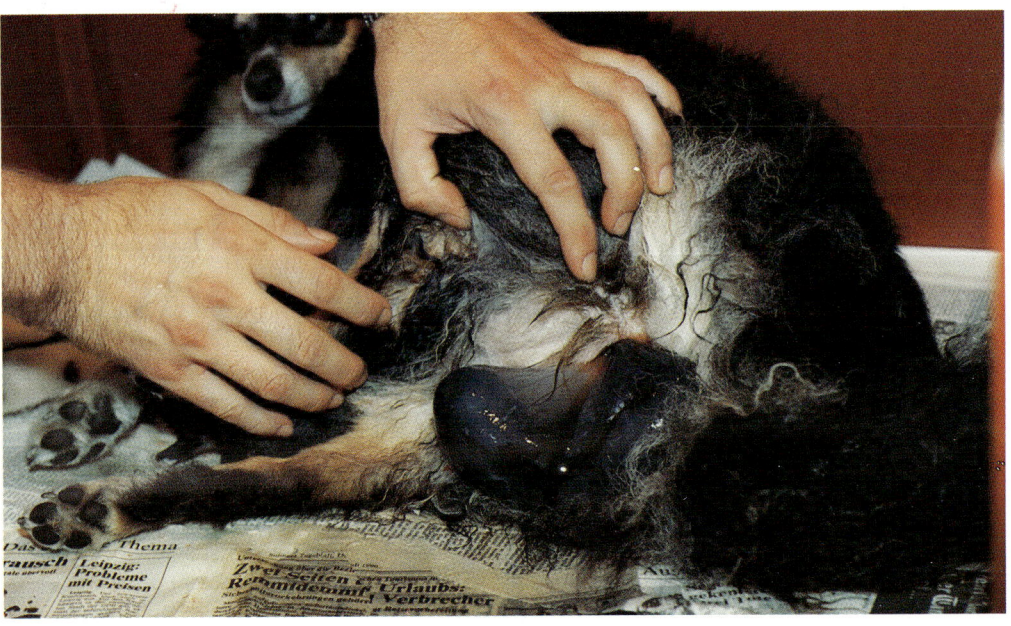

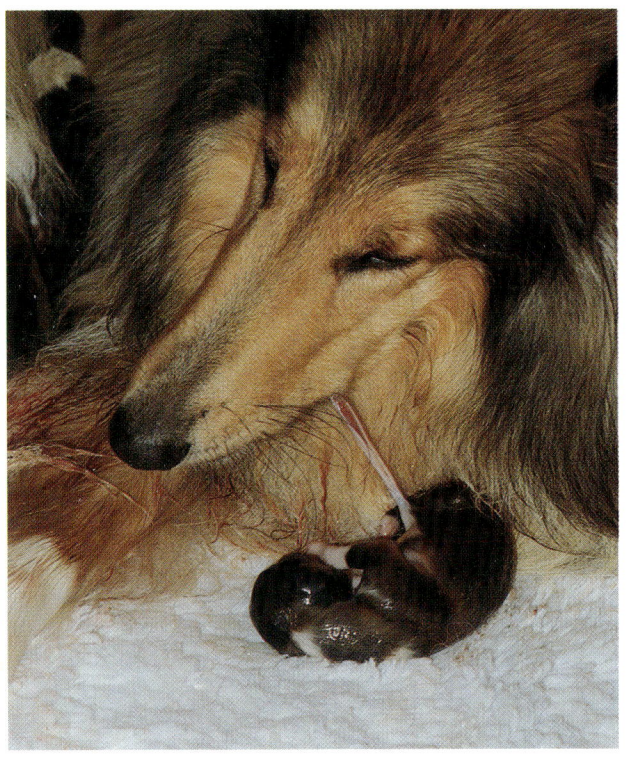

Mit den Backenzähnen (Molaren) quetscht die Colliehündin die Nabelschnur durch. Auf dem Foto sieht man gut die praktische, fellähnliche Unterlage.

Die Hündin preßt nun deutlich. Mit einem Stöhnen preßt sie den Welpen noch in seiner Fruchtblase heraus, an der Nabelschnur die Nachgeburt mit sich ziehend. Die Hündin beißt die Fruchtblase auf, die sie mit der Nachgeburt hastig verschlingt. Nachgeburten enthalten wertvolle Stoffe, lassen Sie ihr deshalb einige; bei einem großen Wurf können zu viele gefressene Nachgeburten zu Durchfall führen. Nun kaut die Hündin die Nabelschnur ab, dabei wirft sie den quiekenden Welpen hin und her. Erschrecken Sie nicht: Das muß so sein; sie fördert dadurch Atmung und Durchblutung. Jetzt leckt sie den Welpen trocken, der sich womöglich schon auf den Weg zur Zitze macht und sich festsaugt.

Bis zum nächsten Welpen kann es 20 Minuten bis 2 Stunden dauern. Achten Sie darauf, daß nach jedem Welpen, besonders dem letzten, die Nachgeburt kommt. Bleibt sie zurück, kann sie zum Tode der Mutter führen, daher muß der Tierarzt eine zurückgebliebene Nachgeburt so schnell wie möglich zutage fördern.

Auch wenn sich trotz Preßwehen nach zwei Stunden nichts tut, obwohl die Hündin offensichtlich noch Welpen hat, rufen Sie den Tierarzt. Vereinbaren Sie vorher mit ihm, ob er zur fraglichen Zeit zur Verfügung steht, um nicht im Notfall eine Vertretung suchen zu müssen!

Manche Hündinnen geraten bei ihrem ersten Welpen in Panik und wollen aus der Kiste springen. Beruhigen Sie sie, beim nächsten Welpen geht meist alles ganz normal. Weiß die Hündin mit dem Erstgeborenen nichts anzufangen und läßt ihn in der Fruchtblase liegen, reißen Sie diese rasch an der Nasenspitze des Welpen auf, damit er nicht im Fruchtwasser ertrinkt. Rubbeln Sie den Welpen mit einem Handtuch trocken, bis der erste kleine Schrei ertönt, dies ist meist das Signal für die Hündin, die jetzt den Welpen fordert und alles weitere erledigt.

Tut sie es nicht, binden Sie die Nabelschnur mit einem abgekochten Zwirn oder Zahnseide etwa ½ bis 1 cm vor der Bauchdecke fest ab und schneiden sie ca. 1 bis 2 cm dahinter durch. Legen Sie den Welpen an die Zitzen.

Erstreckt sich die Geburt über viele Stunden, reichen Sie der Hündin zwischendurch eine kräftige Fleischbrühe und frisches Wasser.

Im allgemeinen sind Collie- und Sheltiehündinnen unkomplizierte

Mütter, doch es muß nicht immer alles glatt gehen. Auf alle möglichen Komplikationen einzugehen, würde den Rahmen dieses Buches sprengen. Wenn 24 Stunden nach dem Temperaturabfall und -anstieg und nach offensichtlichen Vorwehen keine Eröffnungswehen erfolgt sind, rufen Sie den Tierarzt. Auch wenn sich nach dem 63. Tag nichts tut, suchen Sie seinen Rat. Es kann sein, daß ein Kaiserschnitt nötig wird. Bitten Sie für den ersten Wurf Ihrer Hündin am besten den Zuchtwart oder einen erfahrenen Züchter, Ihnen beizustehen.

Die junge Familie

Vorausgesetzt, es ist alles normal verlaufen, wird die Hündin ruhiger und beginnt sich zu reinigen. Entfernen Sie das Vlies und die verschmutzten Zeitungen und betten Sie die Familie auf ein frisches um.

Unmittelbar nach der Geburt reichen Sie der Hündin eine kräftige, ungesalzene Fleischbrühe oder warme Welpenmilch mit etwas Traubenzucker. Auch wenn sie nur ungern die Welpen verläßt, muß sie hinaus, um sich zu lösen. Waschen Sie anschließend das Hinterteil der Hündin; Ausfluß und dünner Stuhl sind in den nächsten Tagen normal.

Sind es mehr als sechs Welpen, füttern Sie die kräftigsten immer wieder zu (Hundemuttermilchersatz), damit die Zitzen frei bleiben für die kleineren Geschwister. Leckt die Hündin die zugefütterten Welpen nicht, müssen Sie die Bauchmassage zur Anregung der Darmtätigkeit übernehmen: Nach jeder Mahlzeit wird das Bäuchlein mit einem Tropfen Öl oder einem feuchten Wattebausch massiert. Die Wärmelampe lassen Sie noch einige Tage brennen; ist es ausgesprochen kühl, noch 2 bis 3 Wochen länger. Wiegen Sie die Welpen täglich zur selben Zeit auf einer Küchenwaage (2- oder 5g-Einteilung ist nützlich). Welpen können nach der Geburt etwas abnehmen, sie verdoppeln aber im allgemeinen in der ersten Lebenswoche ihr Geburtsgewicht.

Selbst wenn eine Hündin viele Welpen nähren kann, müssen Sie darauf achten, ob sie es schafft, alle zu putzen und ihnen die notwendige Bauchmassage zu verschaffen. »Vergessene« Welpen können sterben!

Achten Sie darauf, daß die Zitzen nicht hart werden und ein Milchstau entsteht. Am besten den Tierarzt befragen. Hilfreich ist es, sich sofort nach der Geburt Farbe und Zeichnung der Welpen zu notieren, damit man sie beim Wiegen, Wurmkur etc. unterscheiden kann.

In den ersten Tagen nach der Geburt reichen Sie der Hündin das Futter in mehreren kleineren Portionen am Tag, ziemlich dünnflüssig. Verläßt sie die Wurfkiste nur ungern, geben Sie ihr das Futter dort. Die Futtermenge beträgt jetzt das Dreifache der normalen Ration mit ⅔ Fleisch und ⅓ Getreidekost, dazu Kalzium- und Vitaminpräparate. Füttern Sie, soviel sie annimmt, denn sie muß in großen Mengen eiweißreiche und vitamin- und mineralhaltige Milch produzieren. Bei Kalziummangel kann es zur Eklampsie (Krampferscheinungen) kommen, die, wenn nicht unverzüglich behandelt, tödlich für die Hündin ausgeht.

Die Hündin braucht jetzt Ruhe; Besucher sollten noch ein paar Tage warten und Kinder sich ruhig verhalten, da manche Hündinnen kurz nach der Geburt aggressiv reagieren. Melden Sie dem Deckrüdenbesitzer und, entsprechend den Bestimmungen, Ihrem Zuchtverein den Wurf.

Welpen- sterben

Nichts ist für einen Züchter tragischer als der Verlust von vielversprechenden Welpen aus einem gut geplanten Wurf. Leider gibt es auch heute neben angeborenen Defekten (z. B. Wolfsrachen, Herzmißbildungen, kein Anus), Schwer- und Fehlgeburten und Aufzuchtproblemen (keine Milch, gestörtes Brutpflegeverhalten) auch Infektionskrankheiten, die die Sterblichkeit in einem Zwinger oder von einer Hündin teilweise bis auf 100% ansteigen lassen können. Über 80% aller Todesfälle treten in den ersten drei Lebenswochen der Welpen auf.

Unter dem Begriff »infektiöses Welpensterben« (Fading Puppy Syndrome) versteht man alle Welpenverluste durch ansteckende Erkrankungen in den ersten Lebenstagen. Welpen, die augenscheinlich gesund und kräftig geboren werden und die anfänglich vielleicht sogar noch saugen, fangen kläglich an zu wimmern, teilweise ist die Atmung erschwert, der Bauch aufgedunsen, sie wollen nicht mehr trinken und werden immer schwächer. Tritt die Erkrankung erst um die oder nach der zweiten Lebenswoche auf, kommt noch Durchfall hinzu. Je älter die erkrankten Welpen sind, um so größer sind die Chancen, daß wenigstens die kräftigsten Tierchen des Wurfes überleben.

Die Ursachen für diese infektiöse Erkrankung sind Viren (z. B. Herpes, Parvo), Bakterien (z. B. E. coli, Staphylokokken, Streptokokken) und Parasiten (z. B. Ascariden, Toxoplasmose). Hinzu kommen noch unspezifische Infektionen, d. h. Krankheiten, die keinem speziellen Erreger zugeordnet werden können.

Bedingt durch die vielfältigen Ursachen für die Entstehung des infektiösen Welpensterbens, muß auch die Bekämpfung aus einer ganzen Reihe unterschiedlicher, einander unterstützender Maßnahmen bestehen. Wenn die Aufzucht- und Haltungsbedingungen optimal sind, die Hündin gegen die üblichen Infektionskrankheiten (SLHP) geimpft und vorsorglich behandelt wurde (z. B. Wurmkuren), kann der Tierarzt die Abwehrmechanismen der Welpen durch »Paramunitätsinducer« (Gammaglobulinpräparate) anregen. Wenn die Welpen nicht trinken, erhalten sie eine Elektrolytlösung mit Glukosezusatz und eventuell Antibiotika.

Leider sind die Überlebenschancen früh erkrankter Welpen sehr gering. Es ist auf jeden Fall empfehlenswert, verstorbene Welpen sofort obduzieren zu lassen, um die Krankheitserreger möglicherweise eingrenzen und die restlichen Welpen des Wurfes retten zu können.

Sind in vorherigen Würfen schon Welpen eingegangen, empfiehlt sich eine vorsorgliche Behandlung der Mutter und der Welpen durch Gammaglobuline.

Flaschen-aufzucht

Bei verwaisten Welpen, oder wenn die Mutterhündin keine Milch hat, muß der Züchter nach einer geeigneten Lösung suchen, um die Kleinen dennoch optimal zu versorgen. (Begehen Sie nicht den Fehler und päppeln schwache oder winzige Welpchen auf, wenn diese ansonsten nicht absolut gesund sind. Sie tun sich und der Rasse keinen Gefallen.) Nur selten steht eine geeignete Amme zur Verfügung. So bleibt dem Züchter meist nichts anderes übrig, als diese zeitraubende und ermüdende Arbeit selbst zu übernehmen. Ihm stehen zwei bewährte Methoden zur Verfügung: die Flaschenaufzucht oder die Fütterung mit der Magensonde.

Beides hat seine Vor- und Nachteile: Bei der Flaschenaufzucht wird der natürliche Saugreflex der Welpen ausgenutzt und gefördert. Die Kleinen bekommen durch die zeitaufwendige Betreuung intensiven Kontakt mit dem Menschen, was für die spätere Entwicklung von großer Bedeutung ist. Wenn man viele Welpen versorgen muß, empfiehlt sich die zeitsparende Fütterung mit der Magensonde. Der Tierarzt oder ein erfahrener Züchter sollten Sie bei der Wahl der Methode beraten und Ihnen beide zeigen.

Neugeborenen Welpen, die keine Kolostralmilch erhalten haben, sollte man Gammaglobuline (siehe Kapitel Welpensterben) spritzen lassen. In den ersten 24 Stunden empfiehlt sich, die Mahlzeiten aus einer Elektrolytlösung mit Glukosezusatz herzustellen, deren Zusammensetzung am besten der Tierarzt bestimmt. Danach wechselt man auf Hundemilchersatzprodukte. Prüfen Sie die Temperatur der Milch auf Ihrem Handgelenk, bevor gefüttert wird. Sie sollte blutwarm, d. h. etwa 37 °C warm sein. Niemals dürfen unterkühlte Welpen gefüttert werden!

Wieviel und wie oft (anfänglich alle zwei Stunden) die Welpen gefüttert werden, hängt von der Rasse, Größe und dem Alter ab. Am besten hält man sich an die Anweisungen des Tierarztes und an die Angaben des Milchersatzherstellers.

Nach der Fütterung muß der Welpe, genau wie bei einer Muttermilchmahlzeit, durch vorsichtiges Massieren des Bäuchleins zum »Bächlein machen« und Kot absetzen stimuliert werden. Die tägliche Gewichtskontrolle ist auch bei Flaschenkindern angebracht.

Welpen-aufzucht

Nach neuesten Erkenntnissen ist es für die Entwicklung der Welpen vorteilhaft, wenn sie von den ersten Lebensstunden an Hautkontakt mit dem Menschen bekommen.

Nach 10 bis 14 Tagen öffnen die Welpen die Augen, ab der 3. Woche beginnen auch die anderen Sinnesorgane funktionsfähig zu werden. Wenn die Hündin die Exkremente der Welpen nicht mehr entfernt, ist die Zeit gekommen, die kleine Meute in den Welpenraum oder in den Zwinger umzuquartieren. Legen Sie die Laufflächen für die Welpen mit Zeitungen

Neugierig erkunden die Welpen ihre Umwelt. Je vielfältiger sie ist, desto besser kann sich das Gehirn entwickeln, desto leichter findet sich der Hund später im Leben zurecht. Aus diesem Wurf gingen Schutz- und Rettungshunde hervor.

oder Wellpappe aus; dies ist nicht teuer, die Welpen rutschen nicht und können besser laufen. Sie brauchen jetzt mehr Bewegungsraum, dehnen ihre Erkundungsgänge immer weiter aus und spielen allerliebst miteinander.

Eine große Hilfe kann ein Sandkasten (evtl. auch Hobelspäne als Füllung) sein, den die Welpen rasch als Toilette erkennen und benutzen. Legen Sie unter eine dünne Sand- bzw. Späneschicht verschmutzte Zeitungen aus der Wurfkiste, um den Geruch vorzugeben. Ihm folgend, gewöhnen sich die Kleinen schnell daran, ihr Geschäftchen in den flachen Sandkasten zu machen, was die Sauberhaltung des Welpenraums enorm erleichtert. Mit 10 bis 14 Tagen erfolgt die erste Wurmkur nach Anweisung des Tierarztes, die in bestimmten Abständen wiederholt wird.

Die wichtigste Entwicklungsphase im Leben des Welpen ist die Zeit zwischen der 4. und 7. Woche; sie wird

deshalb Prägungsphase genannt. Jetzt braucht der Welpe engen Körperkontakt mit Menschen und Ansprache; Füttern und Saubermachen genügen nicht. Wenn Sie einmal keine Zeit haben, bitten Sie Freunde und Bekannte, auch Kinder (unter Aufsicht), einige Stunden am Tag mit den Welpen zu spielen und zu schmusen. Bei trockenem Wetter dürfen die Welpen ins Freie. Zum Schlafen hereinholen, im Sommer für Schatten sorgen! Trockene Kälte schadet tobenden und spielenden Welpen nicht. Solange sie sich bewegen, dürfen sie zeitweise auch im Winter raus.

Ganz wichtig ist für die Entwicklung der Welpen, daß sie nicht isoliert aufwachsen, sondern so früh wie möglich verschiedene Umwelteinflüsse in ihrer Umgebung aus eigenem Antrieb erkunden können. Dazu gehören verschiedene Fußböden, Geräusche und Gerätschaften aller Art. Das kleine Gehirn muß Gelegenheit haben, sich auszubilden. Versäumt

*Gesunde Welpen ver-
tragen im Winter auch
einen Ausflug im
Schnee.*

man das, bleibt ein Welpe u. U. ein Leben lang wenig lernfähig und verkraftet die Umwelt außerhalb seiner gewohnten Umgebung nicht.

Je nach Anzahl der Welpen und Milchleistung der Mutter sollten die Welpen im Alter von 4 bis 6 Wochen nur noch gelegentlich saugen. Die Mutter ist nur zu gern bereit, die Kinder mit den spitzen Zähnen und messerscharfen Krallen Ihrer weiteren Obhut zu überlassen. (Ab der ersten Woche schneiden Sie vorsichtig die Krallen der Welpen, um die Mutter zu schonen.)

Die Welpen bekommen nun schon kleine Mahlzeiten (bis zu fünf täglich); z. B. kleingehacktes Rindfleisch mit Getreidekost in Breiform, angereichert mit Kalzium- und Vitaminpräparaten, abwechselnd mit Welpenaufzuchtmilch oder einem fertigen Welpenaufzuchtfutter. Tauchen

Sie einen Finger in die Flüssigkeit und führen ihn ans Welpenmäulchen. Der Welpe lernt schnell zu schlecken.

Manche Hündinnen erbrechen vor den Welpen – die ursprüngliche Weise, Welpen von Muttermilch auf feste Kost umzugewöhnen.

Die Welpen sollten zügig in zehn Minuten so viel gefressen haben, wie sie brauchen. Keinesfalls dürfen sie überfüttert werden. Lieber häufiger geringe Mengen, als einmal eine Riesenportion, da der Magen klein und nicht darauf eingestellt ist.

Bevorzugen Sie, die Welpen von klein auf an Fertigfutter zu gewöhnen, können Sie jetzt schon Fertigvollnahrung in Flockenform oder Welpenkost abwechselnd mit gehacktem Fleisch und Welpenaufzuchtmilch geben. In diesem Fall aber keine Kalzium- und Vitaminpräparate mehr hinzufügen, denn Fertigfutter und

Welpenaufzuchtmilch liefern diese in ausreichender Menge. Zusätzliche Gaben können der Entwicklung eher schaden.

Ab der 6. Woche brauchen die Welpen die Mutter nicht mehr zum Säugen. Die Milchbildung läßt von selbst nach. Ist die Hündin dünn und ausgemergelt, stellen Sie das Futter auf ⅓ Fleisch und ⅔ Getreidekost um, bzw. lassen zusätzliche Fleischgaben beim Fertigfutter weg, ebenso die zusätzlichen Kalk- und Vitaminbeigaben. Die Hündin sollte immer freien Zugang zu den Welpen haben, um mit ihnen zu spielen und sie zu erziehen, sie muß sich aber auch zurückziehen können; richten Sie ihr evtl. eine erhöhte Liegestatt ein, die die Welpen nicht erreichen können. Nach ca. 8 Wochen sollte die Mutter in ihr gewohntes Leben zurückgekehrt sein.

Hündinnen haaren nach einem Wurf total ab und sehen noch einige Zeit zerrupft und unansehnlich aus. Es kann Monate dauern, bis die Hündin wieder in Ausstellungskondition ist.

Welpenerziehung: Mit gefletschten Zähnen warnt die Colliehündin den Welpen davor, den Kauknochen anzurühren. Später wird sie dem Welpen den Lekkerbissen überlassen.

Impfungen und Formalitäten

Ab der 5. Woche vereinbaren Sie mit dem Tierarzt einen Termin für die Impfungen, denn Sie dürfen nur geimpfte Welpen verkaufen (SHLP). Die erforderlichen Nachimpfungen läßt der neue Besitzer zu seinen Lasten vornehmen. Außerdem müssen die Welpen regelmäßig entwurmt sein. Inzwischen hat der Zuchtwart die Welpen zur Eintragung ins Zuchtbuch gemeldet.

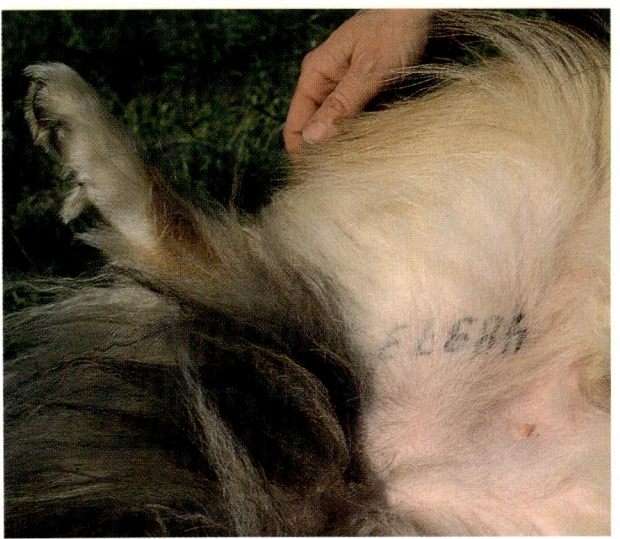

Ein sicheres Mittel zur Identifizierung eines Hundes: Im Club für Britische Hütehunde wird die Zuchtbuchnummer wahlweise in Ohr, Innenschenkel oder Bauchfalte eintätowiert.

Abgabe der Welpen

Melden Sie den Wurf der Welpenvermittlungsstelle des Clubs, damit man Ihnen Interessenten vermitteln kann. Schon wenn die Welpen sechs Wochen alt sind, sollten Sie in den Tageszeitungen Ihrer Umgebung Anzeigen in der Rubrik »Tiermarkt« aufgeben.

Der Kreis hat sich geschlossen – prüfen Sie die Kaufinteressenten, ob sie sich für einen Collie oder Sheltie eignen, informieren Sie über Pflege, Fütterung, Auslauf und Unterhaltskosten. Schließlich soll Ihr liebevoll aufgezogener Welpe einmal ein glückliches Hundeleben führen und nicht von Hand zu Hand wandern, um letztlich vor der Tür eines Tierheims zu landen. Man schaut in die Menschen nicht hinein und kann sich immer täuschen, aber man sollte einen Welpen nie leichtfertig mitgeben, wenn nur das Geld auf dem Tisch liegt. Denn dafür haben Sie sich die Arbeit hoffentlich nicht gemacht, die riesige Verantwortung auf sich genommen, Leben in die Welt zu setzen. Sie haben Freude an Ihrem Hund; Freude, die Sie mit anderen Menschen teilen möchten. Freude am Wachsen und Gedeihen der kleinen Hundefamilie, die auch nach Ihrer fürsorglichen Aufzucht ein glückliches Hundeleben führen soll.

KAPITEL 17

Anhang

Adressen

Club für Britische Hütehunde e. V.
Zuchtbuchstelle: Ursula Müller
Bahnstr. 8
D-W 5161 Merzenich
Tel.: 0 24 21/3 56 72

Deutscher Collie Club e. V. (DCC)
In den 13 Morgen 11
D-W 6521 Hamm
Tel.: 0 62 46/76 02

Schweizerischer Collie Club
Hintertann
CH-1712 Tafers FR
Tel.: 0 37/44 10 74

Schweizer Shetland Sheepdog Club
Friedstr. 6
CH-5734 Reinach
Tel.: 0 64/71 31 64

Österreichischer Club für Britische
Hütehunde
Donaufelderstr. 215
A-1222 Wien
Tel.: 02 22/23 47 62

Deutscher Hundesportverband e. V.
Herrenstr. 28
D-W 7247 Sulz-Renfrizhausen
Tel.: 0 74 54/88 10

Deutscher Agility-Club von
1987 e. V.
Heiligkreuzweg 45 a
D-W 6500 Mainz 1
Tel.: 0 61 31/83 26 60

Bundesverband für das
Rettungshundewesen e. V. (BRH)
Fliederstr. 5
D-W 6704 Mutterstadt

Verein für das Deutsche
Hundewesen e. V. (VDH)
Westfalendamm 147
Postfach 10 41 54
D-W 4600 Dortmund 1
Tel.: 02 31/59 60 96
Fax: 02 31/59 24 40
Herausgeber der Zeitschrift
»Unser Rassehund«

Schweizerische Kynologische
Gesellschaft (SKG)
Länggasse 8
Postfach 8217
CH-3001 Bern
Tel.: 0 31/23 58 19
Fax: 0 31/24 02 15

Österreichischer
Kynologenverband (ÖKV)
Johann-Teufel-Gasse 8
A-1238 Wien
Tel.: 02 22/88 70 92, 88 22 31
Fax: 02 22/8 89 26 21

Literatur

Fachzeitschriften

Collie Revue –
unabhängige Zeitschrift für
Collie- und Sheltiefreunde,
Schleidener Str. 29
D-W 5210 Troisdorf 21
Tel.: 0 22 41/4 63 02
Fax: 0 22 41/4 49 19

Bücher

BAKER: Shetland Sheepdogs Today. Letchworth 1988.

BENNET, DR. P. O.: The Collie. Washington 1917.

BEWICK: A General History of British Quadrupeds. Newcastle 1790.

BISHOP: All About the Collie. London 1980.

COLEMAN: The Shetland Sheepdog. New York 1943.

COLLIE CLUB OF AMERICA: The Complete Collie. New York 1969.

COMBE: Collies Yesterday and Today. Selbstverlag 1972.
– Border Collies. London 1978.
– Shepherds, Sheep and Sheepdogs. Lancaster 1983.
– Herding Dogs. London 1987.

DALZIEL: The Collie. London, Ende des 18. Jh.

DAVIS: Shetland Sheepdogs. Bristol 1973.

EDWARDS: Cynographia Britannica. London 1800.

EVANS/WHITE: The Book Of The Bitch. Guildford 1988.

FEDDERSEN-PETERSEN, DR. DORIT: Hundepsychologie. Stuttgart 1989.

FICUS/LOEFFLER/SCHNEIDER-HAISS/STUR: HD bei Hunden. Stuttgart 1990.

FINGLETON-FLAKELAR: A Good Eye For a Dog – Shetland Sheepdogs. Selbstverlag 1987.

GRAY: Dogs of Scotland. Edinburgh 1891, Reprint 1989.

GWYNNE-JONES: The Shetland Sheepdog Handbook. London 1958.

HARMAR: Hunde züchten mit Erfolg. Zürich 1978.

HERBERT: The Shetland Sheepdog. London 1961.

HERMINGHAUS: Britische Hütehunde. Schloß Bleckede 1970.

HUNT: Rough Collies. Marlborough 1990.

HUTCHINSON: Dog Encyclopaedia, Volume III. London 1935.

HUTT: Genetics for Dog Breeders. San Francisco 1979.

KEITH (TOOTHILL): Collies – The Rough and Smooth. Selby 1981.

LEE: Collie or Sheepdog. London 1890.

LEIGHTON: Cassell's New Book of the Dog. London 1907.

MANGELS: Evolution of the Collie. Selbstverlag 1962/1971.

McCLOSKEY: This is the Collie. Jersey City 1963.

McKINNEY/HAGEN RIESEBERG: Sheltie Talk. Loveland 1976.

MOODY: Shetland Sheepdogs – The Sheltie. Bredicot 1990.

OSBORNE: The Popular Collie. London 1957 und folgende Auflagen.
– The Shetland Sheepdog. London 1967.

PACKWOOD: Show Collies Rough and Smooth Coated. Manchester 1906.

PORTMAN-GRAHAM: The Mating And Whelping of Dogs. London 1986.

RÄBER: Brevier neuzeitlicher Hundezucht. Bern 1978.

RAKOW: Der homöopathische Hundedoktor. Stuttgart 1989.

RIDDLE: The New Shetland Sheepdog. New York 1977.

ROBINSON: Genetics For Dog Breeders. Exeter 1982.

ROGERS: All About The Shetland Sheepdog. London 1974 und 1980.

ROOS: Collie Concept. Loveland, Colorado 1982.

SCHLEGER/STUR: Hundezüchtung in Theorie und Praxis. Wien 1986.

SCHNABEL: Unser Hund wird gut erzogen. Stuttgart 1992.

SCHNEIDER: Hundekrankheiten. Stuttgart 1991.

SERANNE: The Joy of Breeding Your Own Show Dog. New York 1981.

SHELTIE INTERNATIONAL: Color Inheritance Charts For The Shetland Sheepdog. Carlsbad 1983.

SHETLAND SHEEPDOG CLUB OF VICTORIA: The Australian Handbook of the Shetland Sheepdog 1983. Brunswick.

SIMMONDS: The Illustrated Shetland Sheepdog Standard. Selbstverlag 1974.

STARKWEATHER: All About Collies. Selbstverlag 1980.

SUCHER: Shetland Sheepdogs. New York 1990.

THE ENGLISH SHETLAND SHEEPDOG CLUB: Standard of the Shetland Sheepdog – An Elaboration. Selbstverlag 1990.

– Handbook 1935, 1949, 1966, 1970, 1980. Selbstverlag.

THYNNE: The Shetland Sheepdog. 1916, Reprint Huddersfield 1990.

TRUMLER: Hunde ernstgenommen. München 1981.

– Ein Hund wird geboren. München 1982.

– Mit dem Hund auf Du. München 1983.

VANDERLIP: Hundezucht. San Diego 1985.

WIESNER/WILLER: Lexikon der Genetik der Hundekrankheiten. Leipzig 1983.

WILLIS: Züchtung des Hundes. Stuttgart 1984.

Bildnachweis

Die **fettgedruckten Ziffern** weisen auf die Seitenzahlen hin. (o = oben, u = unten, m = Mitte, + = verstorben, Z = Züchter, B = Besitzer)

Umschlagvorderseite: Zobelweiße Colliehündin Coreen of the Highlands (Z: R. & K. Frankenberger), tricolourfarbener Collierüde Ch. Lightmydream di Cambiano (Z: M. T. Garabellie, Italien) und die blue-merle-farbene Sheltiehündin Int., VDH-Ch., Europasgrn. Blue Quiddity vom Ebbehang (Z: Elsbeth Schröder, W-5883 Kierspe); alle im Besitz von R. & K. Frankenberger, Auf der Höhe 4, W-5231 Birnbach (Foto: Krämer).

Umschlagrückseite oben links: Mareen mit dem tricolour Collierüden Black Huggy Bear von Roystonea (Z: Petra Eisenträger, W-6440 Bebra/ Solz; Foto: Krämer). **Oben rechts:** Collie Multi-Ch. Cookie vom Hause Reinhard (Z und B: W. & K. Reinhard, Odernheim) mit seiner Enkelin, spätere Ch. Anny Golden du Manoir Echante (Z: Mme Oger, B: K. & W. Reinhard; Foto: Krämer). **Unten links:** Sheltiehündin Ch. Kira Gold von der Lichten-Zeile (Z und B: H. & J. Hartich, Römerstr. 4, W-6521 Wa-

chenheim/Pfrimm; Foto: Feldhoff).
Unten rechts: Sheltie Multi-Ch. Nameed Burton Coggles (Z: Deeman, B: Martina Feldhoff; Foto: Feldhoff).

Vorsatzfoto: Border Collie im schottischen Hochland bei der Arbeit (Foto: Krämer).

Frontispiz: Dunkelzobelweißer Collie-Jungrüde Wilson vom Hause Reinhard (Foto: Krämer).

7 bis 10, 11 o, 11 u, 13 u, 14, 15 u, 34, 35: Sammlung Krämer.

11 m: Brettonpark Claim to Fame (Z: Thelma Duncan +, Großbritannien, B: Ilse Hohnholt, Zu den Fuhren 2, 2875 Ganderkesee 2; Foto: Hohnholt).

12: Ch. Brilyn Supertramp (Z und B: Brian Hawkins, 201 Newcastle Road, Stone, Staffs ST 15 8 LF, Great Britain; Foto: Krämer).

13 o: Collierüde Dunsinane Don Picasso (Z: Mrs. Chatfield, Großbritannien, B: G. Rall, Im Laichle 25, W-7070 Schwäbisch-Gmünd-Wetzgau; Foto: Hagg).

15 o: Collierüde Condor von Cavalcanti (Z: F. & K. Barthel, Hauptstr. 150, O-9291 Oberelsdorf, B: May & Willamsky; Foto: Barthel).

16 o: Uda John und Collierüde Sgr. Quendolin a. d. Hexenhaus, Colliehündin Sgrn. Saska a. d. Hexenhaus, Sheltierüde Sgr. Glenn v. d. Schottenburg, Sheltiehündin Sgrn. Lilliput Bitch a. d. Hexenhaus (B: Uda John, O-9331 Blumenau/Sachsen; Foto: Stepansky +).

16 u: Dazzler of Dunsinane (Z und B: Audrey Chatfield, Dunsinane, The Llan Farmhouse, Hyssington, Powys SY 15 6 AU, Great Britain; Foto: Winrow).

17 o: Ch. Response of Rokeby (Z: Betty Eglin +, Großbritannien, B: Dina von Hahn, W-5221 Friesenhagen; Foto: von Hahn).

17 u: Ch. Knightmatchmaker of Rokeby (Z: Betty Eglin +, B: U. & H. Reinbach, Löttringhauser Str. 70, W-4600 Dortmund-Hombruch; Foto: Krämer).

18 ol: Ch. Aberthorne Arrester (Z und B: Jim Tait, 39 Bismarck Street, Leeman Road, York, YO 2 4 XY, Great Britain; Foto: den Otter).

18 or: Ch. Ramsey of Rokeby (Z und B: Betty Eglin +, Großbritannien; Foto: Reinbach).

18 u: Chancellorville Aquitane (Z: Mr. Holohan, Großbritannien, B: W. & K. Reinhard, Bahnhofstr. 12, W-6559 Odernheim/Glan; Foto: Krämer).

19: Collierüde tricolour Black Gilmo von der Schönebecker Schweiz (Z: H. & M. Steinbrink, W-4200 Oberhausen) und Collierüde zobelfarben Carlos von den Salzwiesen (Z: Regine Clermont, W-2319 Selent, B: Helke Martens, Vor dem Kremper Tor 18, W-2430 Neustadt; Foto: Krämer).

21: Weißer Collie Kerrin (B: Brenda Chestney, Ponderosa, CH-6522 San Antonio; Foto: Chestney).

23: Ch. Cookie v. Hause Reinhard (Z und B: W. & K. Reinhard; Foto: Krämer).

24: Kurzhaarcollie Ch. The Gunfighter of Newarp (Z und B: Pat Lister, The Cuttings, Reepham Road, Bawdeswell, Dereham NR 20 4 RU, Großbritannien; Foto: Krämer).

26: Border Collie Jaff mit Schäfer Herbert Sehner, Hauptstr. 50, W-8575 Thurndorf-Kirchenthumbach (Foto: Krämer).

28: Bearded Collies aus dem Zwinger The Nobility (Z und B: Birgit Ufer, Drosselweg 3, W-5250 Engelskirchen-Loope; Foto: Krämer).

31: Ch. Nameed Burton Coggles (Z: Mrs. Deeman, Großbritannien, B: Martina Feldhoff; Foto: Feldhoff).

32: Sheltie-Champions von links: Earl Elliot, Estrella, Ebony Eyes, Excuse me Boy, Evening Ember, alle von Solingen-Wald (Z: A. Ilbeck und Martina Feldhoff; Foto: Feldhoff).

36: (Foto: Krämer).

37 o: Sgr. Jefsfire Allensway Captain Scarlet (Z: Mr. Allen, Großbritannien, B: Hubert Kretzler; Foto: Krämer).

37 u: Ch. Sandwick Boomerang (Z: Mr. Mayhew, Großbritannien, B: Ursula Langer, Eifelweg 31, W-6050 Offenbach 18; Foto: Feldhoff).

38 o: Ch. Willow Tarn Trident (Z: Mrs. Crossley, Großbritannien, B: E. & O. Sperlich, W-5042 Erftstadt; Foto: Krämer).

38 u: Sheltie Jackie vom Teufelsstein (Z und B: V. Soltau, Lilienweg 25, O-3600 Halberstadt; Foto: Feldhoff).

39: Ch. Ambassador vom Zitadellengraben (Z: V. & H. Zielke, W-1000 Berlin, B: M. Schulze, W-3045 Bispingen; Foto: Feldhoff).

40: Sheltie Jademist Timestopper (Z: S. M. Morrison, USA, B: Anita de Bruin, c/o Offingawiersterlaan, NL-8605 CM Sneek; Foto: Krämer).

41: Sheltierüde Rolf Black of Demon Castle SchHI (Z: K. & H. Cumberland, W-6782 Rodalb.-Neuhof, B: B. & U. Alexander, Kiefernweg 1, W-6313 Homberg 2; Foto: Feldhoff).

42: Sheltiegruppe von links: Banja v. Strohmer's Sheltie-Stübchen, Minou v. d. Bachstelze (Z: Gerda Bodenberger, W-8603 Ebern), Hummel v. Stromer's Sheltie-Stübchen, Rich Rainbow von Dusrani (Z: E. & O. Sperlich, W-5042 Erftstadt), Black Cyprienne v. d. Bachstelze (Z: Gerda Bodenberger; B aller Hunde: K. & H.

Strohmer, Eichenstr. 20, W-8501 Heroldsberg; Foto: Feldhoff).

60: Colliehündin Ch. Oh Mammy Blue vom Bienenfleiß (Z und B: Günter Rall; Foto: Krämer).

61: Bi-Blue Sheltiehündin Baronets Merle Baize (Z: M. Holmquist, Schweden, B: Satu Savolainen, Haapasaarentie, SF-05470 Hyvinge; Foto: Savolainen).

63: Ch. Mossmill Magpie from Valjon (Z: K. Farrar, Großbritannien, B: A. Ilbeck, Neustadter Str. 5, W-5453 Krunkel-Egbert; Foto: Feldhoff).

71: Colliewelpe Ch. Anny du Manoir Enchante (Z: Mme Oger, Frankreich, B: W. & K. Reinhard; Foto: Krämer).

74: Colliehündin Ch. Untouchable of the Cleveland Hills (Z: M. den Otter, Niederlande, B: H. G. Hertrich, Am Dicken Turm, W-5860 Iserlohn), Sheltiehündin Ch. Estrella von Solingen-Wald (Z und B: Martina Feldhoff; Foto: Krämer).

75: Tricolour-Rüde Ch. Lightmyfire di Cambiano (siehe Umschlagvorderseite) und Blue-merle-Hündin Tessy Blue vom Sand am Meer (Z: Willi Sandomir, W-5374 Hellenthal-Hollerath, B: R. & K. Frankenberger; Foto: Krämer).

76: Sheltiewelpen E-Wurf vom Brombacher Berg (Z: Lynda Rosenkranz, Im Lerchengrund 17, W-5063 Overath; Foto: Krämer).

78: Oben Blue Bajoo vom Onkenhof (Z: Hofmann, W-5249 Öttershagen), rechts VDH-Ch. Quo Vadis Alycia (Z und B: G. & L. Kiel, Farwicker Str. 3, W-4573 Löningen 3; Foto: Kiel).

83: Ch. Nameed Burton Coggles (rechts; siehe Foto S. 124) und Henry Higgins von Solingen-Wald (Z: A. Ilbeck und Martina Feldhoff, B: Familie Holtz, Kempten; Foto: Feldhoff).

85: Sheltie Pepper vom Stormarner

Land (Z: Erika Heintz, W-2071 Hamfelde, B: Carola Daase, Trittau; Foto: Krämer).

86: Sheltierüde Nox von der Schönebecker Schweiz (Z: H. & M. Steinbrink, Köperstr. 16, W-4200 Oberhausen, B: Familie Bahnscheid; Foto: Bahnscheid).

87: Colliehündin Rettungshund, Sanitätshund, Schutzhund Nobles Nera of Goldenway (Z: Furrer, B: Ursula Gantner, Höflistr. 18, CH-8135 Langnau a/Abbis; Foto: Gantner).

88: Collierüde Fresenas Osborne (Z: U. Hild, Heerenkamp 18, W-2969 Aurich 1, B: Maike Hohlen, W-2948 Schorten; Foto: Hohlen).

93: Colliewelpen E-Wurf von der Ruraue (Z und B: Ria Macherey, Nelly-Pütz-Str. 5, W-5162 Niederzier 2; Foto: Macherey).

105: Clementine vom Stormarner Land (Z und B: Erika Heintz, Schulstr. 31, W-2071 Hamfelde; Foto: Feldhoff).

108: Übungsplatz des Gebrauchshundesportvereins Timmendorfer Strand (Foto: Brinkmann).

109, 110: Collierüde Marvin vom Hause Reinhard (Z: W. & K. Reinhard, B: Olivia Grosch, Auf dem Zehnhöbel 20 A, W-6087 Büttelborn-Worfelden; Foto: Krämer).

113: Tricolourfarbener Collierüde Vincent vom Hause Reinhard (Z und B: W. & K. Reinhard; Foto: Krämer).

115: Collierüde Mountain Springs Aymes SchHI RH (Z und B: Luise Petersmann, Ruhrhöhenweg 11, W-4320 Hattingen; Foto: Krämer).

116: (Foto: Krämer).

117 o: Sheltiehündin Debbie von Krefeld (Z: R. Parakenings, Im Wittchen 35, W-4150 Krefeld, B: Beate Dorlaß, Waldbröl; Foto: Krämer).

117 u: Sheltiehündin Leslie de Severy (Z und B: Sonja Streckeisen, CH-1141 Severy VD; Foto: Zähner).

118–121: (Fotos: Krämer).

123: Ch. Pepperhill Blue Fizz (Z: M. Daniels, Großbritannien, B: Linda Sorockyi, 31 Syke Road, Heronridge, Top Valley, Notts NG5 9BL, Großbritannien; Foto: Feldhoff).

124, 125: (Fotos: Feldhoff).

127: Collies, links Duke from the White Flower (Z und B: H.J. Rataj, Kleiner Moorweg 1, W-2963 Südbrookmerland 5), rechts Ch. Knockout di Cambiano (Z: M.T. Garabelli, Italien, B: Marlies Jacob, Hofweg 5, W-5901 Wilnsdorf 3; Foto: Krämer).

131: Colliegruppe von links: Ch. Ushika, Peer, Ch. Yana und Ch. Queen von der Ruhrstadt (Z und B: F.W. Schaumann, Hölterstr. 21, W-4330 Mühlheim/Ruhr; Foto: Krämer).

136: Ch. Estrella v. Solingen-Wald bei der Geburt des K-Wurfes von Solingen-Wald (Z und B: A. Ilbeck und M. Feldhoff; Foto: Feldhoff).

137: Colliehündin Beverley von der Ruraue (Z und B: Ria Macherey; Foto: Macherey).

141: Colliewelpen D-Wurf von der Silberschmiede (Z und B: Luise Petersmann; Foto: Petersmann).

142: Colliewelpen E-Wurf of the Highlands (Z und B: R. & K. Frankenberger, siehe Umschlagvorderseite; Foto: Krämer).

143: Colliehündin Claire von der Ruraue (Z und B: Ria Macherey; Foto: Macherey).

144: (Foto: Krämer).

Register

37/248.-